JN100864

ビジネスパーソン
の新知識 100

# サステナビリティ・
# SDGs経営

100 knowledge for business person
on Sustenability and SDGs management

松原恭司郎
Kyoshiro Matsubara

同文舘出版

# はじめに

　今の日本には「SDGsなら知っている」「言葉だけは聞いたことがある」という人々が多くいます。SDGsの目標達成年の2030年まで道半ばとなり、日本ではSDGsを紹介する情報が児童や生徒向けを含めて巷にあふれかえっています。

　人は選択肢が多すぎると選ぶことができなくなるといいますが、2022年の日本のSDGs関連書籍は数百タイトルと選択困難な状態にあります。

　このような環境の中で、本書は主たる読者ターゲットを次のように定めています。

・SDGsの取り組みで先行する「グローバルな大企業」に所属するビジネス・パーソン
・リソースなど制約のある「中堅中小企業」などに所属し、SDGsにチャレンジするビジネス・パーソン

　こうした読者ターゲットのニーズに応えるべく、本書では次に掲げる価値を提供します。

①SDGsの中身とサステナビリティ・マネジメントをカバー
　・「SDGs」については、17目標をターゲット・レベルまで、著者が独自に作成した「ターゲットMap」を使って解説します（第3章）。
　・SDGsに対するより深い理解と、「ポストSDGs」に対する構想力を高めるために、「サステナブル・ディベロプメントとサステナビリティ・マネジメント」について深掘りします（第1章、第4章、第6章、第7章）。
　・SDGsの達成を実現させる「サステナブル・ビジネスモデル」をまるごとひとつの章を使って取り上げます（第7章）。
②情報を整理し読者へ提供するための工夫
　・SDGsとサステナビリティ・マネジメントを全100項にまとめ、原則として「1項目2頁見開き」形式を採用し、読やすさに加えて検索のしやすさを追求しました。

・全100項に、図表による解説を取り入れています。

・各項で取り上げたポイントを確認するために、全100項のトップに「3択クイズ」を設けています。難問も含まれていますが、本文を読んだ後に確認するのもよいでしょう。

・重要な事項についてより詳しく解説している「項」を「コネクター (☞9-⑨-9)」で示してあります。

・SDGsの達成を支援するビジネス・アクションと共に、関連する先進事例を紹介しています（第3章）。

本書が、ビジネス・パーソンが所属する組織体のビジネスと、持続可能な人間社会と地球環境に対して良いインパクトを与える手助けになれば幸いです。

今回、同文舘出版を紹介してくださった桜美林大学の坂本雅明先生、本書の構成を含めて編集に多大な尽力をいただいた同文舘出版の戸井田歩氏に感謝いたします。

2022年8月

松原恭司郎

## 第3章　「SDGs」を読み解くターゲットMap 【個別目標】

第4章 「サステナビリティ・マネジメント」の本質を知る【背景となる理論】

## 第5章　「サステナビリティ」と「SDGs」を戦略に組み込むステップ【アプローチ】

## 第6章 「サステナビリティ・マネジメント」の理解を深める【キーポイント】

## 第7章 これからの時代の「サステナブルなビジネスモデル」【ビジネスモデル】

装幀　藤塚尚子（e to kumi）
本文DTP　株式会社RUHIA

# Introduction

本書を読み進める前に

# 1 日本のSDGsの現状に対する問題提起

　SDGsに対する日本の一般市民の認知度が、2022年に実施されたある調査で80％を超えました。このことは果たして手放しで喜んでよいものなのでしょうか？

　SDGsを取り巻く日本の現状のどこに問題が潜んでおり、どのような対応が求められているのでしょうか。3つの切り口で解析してみることにしましょう。

## 1）名ばかりが先行
### 【現象】

・SDGsは、日本では2020年頃からマスメディアで頻繁に取り上げられたこともあり、国民の間でのSDGsの認知度は80％を超え急上昇しています。(☞2-④-2)

・「新語・流行語大賞2021」の候補30にノミネートされるほど、日本ではSDGsという言葉は、ホットなワードの仲間入りを果たしました。(☞2-①-1)

　ですが、「クリスマス・イブにはケーキのお土産」「バレンタインには女性からチョコのプレゼント」と同じレベルで、SDGsも本質が理解されないまま、恰好だけが独り歩きするという日本のパターンにはまってしまっていて、その主旨とターゲットの理解には至っていないのが実態です。

### 【対応】

・SDGsの個別目標をターゲット・レベルまで理解しよう。(☞第3章)

## 2）表層的理解に伴うリスク
### 【現象】

・SDGsの理解が充分でないまま、カラフルなSDGsのホイール・バッジやアイコンが独り歩きしています。(☞2-①-1) SDGsがカバーする範囲が環境と社会そして経済と幅広いこともあり、「SDGs的な」、「SDGsな」となんでもSDGsと称する曖昧な解釈も散見され、SDGsは胡散臭いとの現象を持つ方々も少なくないと思います。

## 問題提起

| 1）名ばかりが先行 | 2）表層的理解に伴うリスク | 3）移行リスクに対して無防備 |
|---|---|---|
| **現象** | | |
| SDGs の認知度 86％を記録 | 「SDGs 的な」という曖昧な解釈 | 国レベルのローカライズの遅れ |
| 新語・流行語大賞 30 選に選出（2021 年） | SDGs ウォッシュというリスク | SDGs へのインパクト（貢献）に無関心 |
| | SDGs を全面否定 | サステナビリティ関連情報開示の要請 |

⬇ ⬇ ⬇

| **問題** | | |
|---|---|---|
| SDGs の認知度は高いが、理解は進んでいない | 曖昧な「SDGs 的な」が生む誤解とリスク | 地球に住めなくなるリスク |

⬆ ⬆ ⬆

| **対応** | | |
|---|---|---|
| SDGs をターゲット・レベルまで理解しよう | サステナビリティ・マネジメントの本質を理解しよう | システム全体を理解しよう |

- マスメディアで紹介されるいわゆる「SDGs事例」の中には、「SDGs的な」であって、SDGsとそのターゲットを外しているケースもあります。こういった事例には「なんちゃってSDGs」とも揶揄される「SDGsウォッシュ」とみなされるリスクも潜んでいます。
- 「SDGs」という言葉が世間に浸透するにつれて、SDGsを全面否定する情報が増えてきています。新たな概念や用語をめぐっては、通例それを紹介する情報や書籍が出回り始め、しばらくすると先進事例を求める声に応えて事例本が重宝されます。そして最後に、失敗例やうまくいかない理由を暴露する情報や本が出て、その概念や用語に対するニーズは一巡します。あなたの頭の中でSDGsはどのステージにあるでしょうか。

## 【対応】

- サステナビリティ・マネジメントの本質を理解しよう。

- SDGsの理念と実態を理解しよう。(☞2)
- SDGsウォッシュ対策をしよう。(☞2-③-1)
- SDGs達成へのインパクトを評価しよう。(☞6-②)

## 3）移行リスクに対して無防備

### 【現象】

- 「Think Globally、Act Locally（地球規模で考え、足元から行動せよ）」といわれますが、残念なことに、日本ではグローバル・ゴールズであるSDGsを日本国、地方自治体そして企業とつなげるための展開とローカライズができていないことが、最大の問題です。日本の現状を反映したSDGsとターゲットそして指標の設定がなされないまま、SDGsの15年間の内の半分が過ぎてしまっているのです。これでは、地方自治体や企業の国内活動は明確なガイドがないままに進んでいることになります。
- SDGsへのインパクト評価に国も企業も国民も無関心です。
- グローバルな大企業に対してサステナビリティ関連情報開示に対する規制機関を含め、ステークホルダーの要請が高まっています。

### 【対応】

- システムとして理解しよう。
- 日本のSDGsモニタリングの改善（☞2-⑤）
- サステナビリティ関連情報開示の充実（☞6-③）

　本書は、これらの現象と問題を指摘し、解決につながるヒントを読者の皆さんに提供することを目的としています。

# ② 本書の特徴

## 1）本書の構成

　本書は、次ページ図にまとめてあるように、ビジネス環境とそれに対するソリューションとアプローチに分けて、7つの章で構成されています。

### 第1章　激変するビジネス環境「サステナビリティ」の基礎知識（グローバル課題）

　近年の激変するビジネス環境について、環境と社会の両側面から確認します。ここでのキーワードは、プラネタリーバウンダリー（地球の限界）と人新世、気候変動、生物多様性、そして人権です。

### 第2章　未来を照らす羅針盤「SDGs」の基礎知識（理念と実態）

　人と地球の未来を守るために国連で2015年に決議された「2030アジェンダ」とSDGsについて、その本質と進捗状況などについて紹介します。

### 第3章　「SDGs」を読み解くターゲットMap（個別目標）

　カラフルなアイコンが前面に出てしまい、17の目標レベルにばかり目が行きがちですが、より詳細な目標である169のターゲットを「ターゲットMap」を使って鳥瞰し、ビジネスが取るべきアクティビティ（施策）の例を紹介します。

### 第4章　「サステナビリティ・マネジメント」の本質を知る（背景となる理論）

　サステナビリティ・マネジメントの本質とソリューションについて、ドーナツ・エコノミクス、パーパスそしてCSV（共通価値の創造）、サーキュラーエコノミーなどの概念を紹介し、2031年からの「ポストSDGs」についても検討します。

### 第5章　「サステナビリティ」と「SDGs」を戦略に組み込むステップ（アプローチ）

　「SDG Compass」などを参照しながら、サステナビリティを戦略へ組み込むための基本的なステップとツールを紹介します。

### 第6章　「サステナビリティ・マネジメント」の理解を深める（キーポイント）

サステナビリティ・マネジメントの理解を深めるべく、戦略マップ、資本概念、KPI（重要業績評価指標）、そして、ここ数年で大きな進展があったサステナビリティ関連情報開示の基準について紹介します。

### 第7章　これからの時代の「サステナブルなビジネスモデル」（ビジネスモデル）

新たにサステナブルなビジネスモデルへのトランスフォメーションが強調されてはいるものの、その具体的なイメージが示される機会が少ない「サステナブル・ビジネスモデル」について、その概要と主要なパターンについて紹介します。

**本書の章立て**

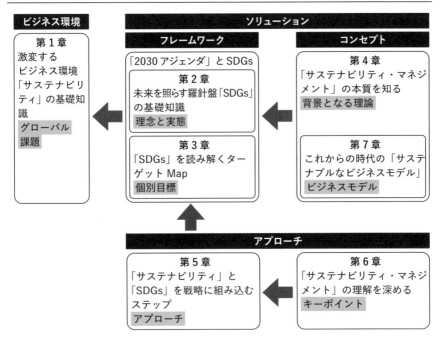

## 2）ニーズに合った本書の読み進め方の提案

　本書は、新たなグローバルなビジネス課題とそのソリューションとしてのSDGsとサステナビリティ・マネジメントという、非常に広い領域をカバーし、そのポイントをコンパクトに解説しています。

　そのため、読者のSDGsとサステナビリティ・マネジメントに対する理解の程度とニーズによって、初心者向けの2つのアプローチと、実践者向けの4つの読み進め方のアプローチを紹介しておきます。

　また、本書は全100項を原則として「2頁見開き」形式を採用しているため、まず知りたい項から読み進め、コネクター（☞9-⑨-9）を活用しながらSDGsとサステナビリティ・マネジメントに関する理解を深めていくのがよいと思います。

### SDGsに対する理解とニーズ別・本書の読み進め方

| 読者とニーズ／テーマ | 初心者 | | 実践者 | | | |
|---|---|---|---|---|---|---|
| | SDGsの必要性を確認したい | SDGsの概要をつかみたい | SDGsの個別目標を知りたい | SDGs、サスマネの導入方法を知りたい | サスマネの理論を知りたい | サステナブルなビジネスモデルを知りたい |
| **サステナビリティ** グローバル課題（第1章） | ❷ | | | | ❶ | |
| **SDGs** 理念と実態（第2章） | ❶ | ❶ | ❶ | | ❸ | |
| **SDGs** 個別目標（第3章） | | | ❷ | | | |
| **サステナビリティ・マネジメント** 背景となる理論（第4章） | | | | | ❷ | ❷ |
| **サステナビリティ・マネジメント** アプローチ（第5章） | | ❷ | | ❶ | | |
| **サステナビリティ・マネジメント** キーポイント（第6章） | | | | ❷ | | |
| **サステナブルなビジネスモデル** ビジネスモデル（第7章） | | | | | | ❶ |

　それでは、本論に進むことにしましょう。

## 第 1 章

# 激変するビジネス環境「サステナビリティ」の基礎知識

## 【グローバル課題】

## ① 地球環境の限界を知る

**Q**uiz#001　プラネタリーバウンダリー（地球の限界）に関する記述として、誤っているのは次のうちどれでしょうか。

（A）境界内であれば人類は将来世代に向けて発展と"繁栄"を続けられるが、転換点を超えてしまうと、急激で取り返しのつかない環境変化が生じる可能性のある境界を意味する。

（B）プラネタリーバウンダリーの境界の中で、土地利用や生物多様性はSDGsのローカリゼーションの対象となる。

（C）プラネタリーバウンダリーの境界の中で、「気候変動」が生物多様性などを押さえて最も危険な状態にあるとされている。

### ●「プラネタリーバウンダリー」地球の生命サポートシステムが危うい

外部環境の中でも第一に挙げるべき切羽詰まった要素は、地球の環境能力の限界です。この問題を科学的に分析し警鐘を鳴らしたのが、ヨハン・ロックストロームによる「**プラネタリーバウンダリー（地球の限界）**」です。プラネタリーバウンダリーとは、その境界内であれば、人類は将来世代に向けて発展と繁栄を続けられるが、ある転換点（ティッピングポイント）を超えてしまうと、急激な、そして取り返しのつかない環境変化が生じる可能性のある境界を意味する言葉です。

### ●プラネタリーバウンダリーの9つのプロセス

右ページ上図に示すように、ロックストロームは資源の有限性と再生不可能という特性をプラネタリーバウンダリーの重要な9つのプロセスとして示し、さらにそれらを右ページ下表にまとめたように3つのグループに分類しています。

1）地球規模の転換点が明確に分かっているプロセス。地球システムに

トップダウンの影響を与えるビッグスリーと呼ばれる気候変動などの3つのプロセス。

2）プロセスが回復力の制御因子として機能しており、比較的限定された地域に関係する、ボトムアップに作用し穏やかに変化する生物多様性の損失など4つのプロセス。

3）地方、地域、地球規模で人間の健康と地球システムに及ぼす危険性がある人間が作り出した2つの脅威。

## プラネタリー・バウンダリー（地球の限界）

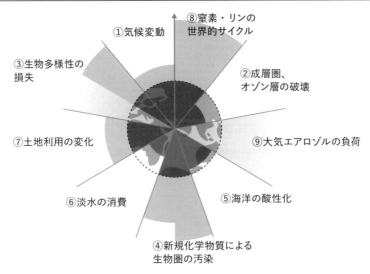

出典："Azote for Stockholm Resilience Centre, based on analysis in Persson et al 2022 and Steffen et al 2015".

## プラネタリーバウンダリーの9つのプロセス

| 機能による3つのグループ | 最重要な9つのプロセス | 関連するSDGs |
|---|---|---|
| 1）地球規模の転換点が明確に分かっているプロセス | ①気候変動 | 13 |
| | ②成層圏、オゾン層の破壊 | 13 |
| | ⑤海洋の酸性化 | 14 |
| 2）穏やかに変化する限界値 | ⑦土地利用の変化 | 14 |
| | ⑥淡水の消費 | 14 |
| | ③生物多様性の損失 | 14、15 |
| | ⑧窒素・リンの世界的サイクル | 14 |
| 3）人間が作り出した2つの脅威 | ⑨大気エアロゾルの負荷 | 11.6 |
| | ④新規化学物質による生物圏の汚染 | 14 |

Quizの答え（C）

②

# 人類が地球を破壊する時代

$\mathbf{Q}$uiz#002　「人新世」という言葉がありますが、次のどの学問分野の
　　　専門用語でしょうか。

（A）地質学　　（B）経済学　　（C）環境学

## ●人類の活動が地球を変えてしまう「人新世」

　「**人新世**」（Anthropocene：アンソロポシーン）は、ギリシャ語の人類
と世代を表わす言葉の合成語です。これは人類が環境に与える影響が1950
年代半ばから加速し、"地質学"的規模で地球の主な生態系のほとんどすべ
てに圧力を与えているとする地質学上の概念です。

　表に示すように、地球は、過去1万2000年程は温暖で例外的に気候が
安定していた時代で、この時代は「完新世」（Holocene）と呼ばれています。
それを「人新世」では、自然を破壊する特異な存在である私たち人類が惑
星全体に地質学的な力を振るっているというわけです。人類滅亡後の地層
の断面は、果たしてどのようになっているのでしょうか。

　プラネタリーバウンダリー（☞1-①-1）で環境問題を指摘したロックス
トロームはその著作『小さな地球の大きな世界』の中で、次のような警鐘
を鳴らしています。

> 地質学的な太古には、これらのパンチは宇宙からやってきた。今日、パ
> ンチは私たち人類に由来する。人類による温室効果ガス排出は、地球規
> 模でエネルギーの不均衡を促す。地球がそれにどう反応するかが、重大
> な問題だ。

## ●「人間がいなくても私は困らない」

　本書のテーマである「サステナビリティ」とは、持続可能な環境と社会
を意味する言葉です。（☞4-①-2）

ここで「持続可能な地球環境」とは、地球の持続可能性ではなく、人類が生息可能な環境を指していることに気付くことが重要です。その人類の生命維持システムのスペースは、月から見た地球の大気圏が示すようにごく薄い範囲に限られているのです。

　この理解に役立つのが、コンサベーション・インターナショナルが制作した「母なる自然（Mother Nature）」と題する動画です。以下にそこで語られている詩の一部を紹介しておきましょう。

> 私を自然と呼ぶ人もいる。（中略）
> 人間がいなくても私は困らない。でも人間には私が必要。（中略）
> あなたたちの行動があなたたちの運命を決める。（中略）
> 私は進化する覚悟ができている。あなたたちにはその覚悟があるのかしら？

（https://www.conservation.org/japan/nature-is-speakingervation.org）

## 人類の活動が地球を変えてしまう「人新世」

| 地質時代 | 完新世<br>（Holocene） | 人新世<br>（Anthropocene） |
|---|---|---|
| 年代 | 1万1700年程前から | 18世紀半ばに化石燃料を使うようになった産業革命と共に始まり、1950年代半ばに加速 |
| 解説 | ・間氷河期<br>・温暖で安定的な予測可能な気候<br>・遊牧や採集から定住農業へ | ・人口の増加<br>・人類は自然を破壊している特異な存在となった<br>・人類の活動による環境への影響が地質学的規模で地球の主な生態系のほとんどすべてに圧力を与えている |

# 地球に住めなくなる
プラネタリーバウンダリーという警鐘

# 地球の持続可能性をおびやかす人口問題

**Q**uiz#003　世界の人口統計の数値について、誤っているのは次のうちどれでしょうか。

（A）1950年の世界人口は、約50億人であった。

（B）2022年の世界人口は、約79億人である。

（C）2050年の世界人口は、約97億人と予測されている。

---

● 「小さな地球」にしてしまった最大の要因

私たちが生息する地球のサステナビリティに赤信号が点灯し始めた大きな要因のひとつが「人口問題」です。ヨーロッパで産業革命が起こった1750年頃には、世界人口は約7億人であり、「大きな地球の上に小さな人間社会」が形成されていました。

その後の急速な人口の増加と、大量生産・大量消費など、量と質の双方の増大で、地球の再生産能力をはるかに超えてしまったのです。

● 人口問題とSDGs

人口問題は、食、健康、移民、公平、ジェンダー、都市、教育など幅広い領域にインパクトを与えています。

人口問題は、SDGsに示されているグローバル課題の根本原因という位置にありながら、SDG13（気候変動）のように独立したSDGとしては設定されておらず、ドライバーと結果としてSDGsにばらされています。

①人口の増加は、次のSDGsにインパクトを与えます。

・SDG1（貧困）、SDG2（飢餓）、SDG3（健康）、SDG4（教育）、SDG5（ジェンダー）、SDG10（不平等）

②人口増加を抑制するドライバーとしては、

・SDG3（健康）のターゲット3.7（性と生殖）

・SDG4（教育）女性の教育

・SDG5（ジェンダー）のターゲット5.6（性と生殖）

といった女性に関わるアクションの重要性が指摘されています。

　人口の増加は、サハラ砂漠以南のサブサハラと呼ばれる地域を含めて発展途上国で顕著です。日本などの先進国では、むしろ少子高齢化、人口減少といった問題があり、これはSDGsのローカライズのポイントでもあります。(☞2-⑤-5)

　人口問題は、その重要性から、ポストSDGsでは気候変動と同様に串刺しするかたちで独立した目標もしくはテーマとして設定することも考えるべきでしょう。(☞4-⑤-2)

## 人口問題とSDGs

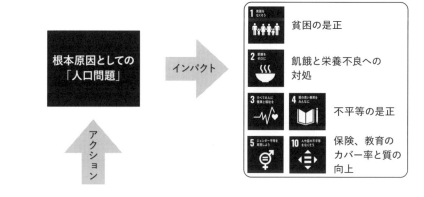

3.7 性と生殖

女性の教育

5.6 性と生殖
……避妊、人口計画

# 1
## 地球に住めなくなる
プラネタリーバウンダリーという警鐘

# 4
## サステナビリティの理解に役立つ「エスカルゴ・ダイアグラム」

**Q**uiz#004　サステナビリティに関する記述として、誤っているのは次のうちどれでしょうか。

（A）サステナビリティに配慮した企業活動が求められている。

（B）レジリエンス（強靭性）はサステナビリティに比較して重要性はかなり低い。

（C）サステナビリティとレジリエンスを車の両輪として推進していくことが求められている。

---

● **「エスカルゴ・ダイアグラム」が明らかにする因果応報と対策**

　地球（環境）の中に、人類の社会があり、その中で経済活動が営まれているとする見方は、第2章で紹介する「ウェディングケーキのビュー」(☞ 2-②-1）などで紹介されています。私は、ウェディングケーキのビューをちょうど上から見て、そこにサステナビリティ（持続可能性）とレジリエンス（強靭性）の要素を取り込んだ図を開発し、カタツムリに似た形状から**「エスカルゴ・ダイアグラム」**と名付けました。本項では、このダイアグラムの読み方について、図の中に示したピンの番号に沿って解説しましょう。

❶カタツムリの殻の中央の経済の円の中にある★印は、企業を示しています。

❷企業の活動は、温室効果ガスの排出や強制労働などによって、地球および人間社会に大きなインパクトを与えています。

❸インパクトはカタツムリの速度で進行し、気候変動、生物多様性そして人権問題が相まって問題を加速させ、ティッピングポイントを過ぎると不可逆的に加速するとされています。

❹地球および社会が抱える問題は、自然災害の激甚化や労働争議などの形で企業のリスクとして跳ね返ってきます。

❺それらの対策として、気候変動の「緩和策」など地球および社会のサステナビリティに配慮した活動へのトランスフォメーションが求められています。

❻また、気候変動の「適応策」など、レジリエンスを高めるリスク対策の重要性が高まっていることを示しています。

◉「エスカルゴ・ダイアグラム」が理解を助ける適用領域

サステナビリティとレジリエンスの関係を示すエスカルゴ・ダイアグラムは、図の下部に示したようなテーマを理解するフレームワークとして活用できます。

・気候変動の緩和と適応（☞1-②-1～1-②-3）

・生物多様性の危機と対応（☞1-②-4～1-②-5）

・人権問題（☞1-③-1）

・サステナビリティ関連情報開示（☞6-③）

**エスカルゴ・ダイアグラム**

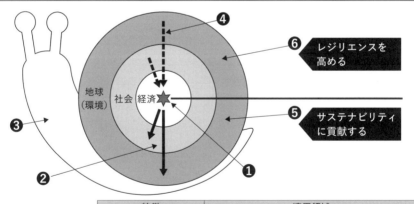

| 特徴 | | 適用領域 | | | |
|---|---|---|---|---|---|
| インパクトのベクトル | 対応方法 | 気候変動対応 | 生物多様性 | 人権 | 開示 |
| 地球、社会から企業へ | レジリエンスの強化 | 適応策 | 回避 軽減 | 人権方針 | リスク |
| 企業から、地球、社会へ | サステナビリティの配慮 | 緩和策 | 復元・再生 変革 | 人権デューデリジェンス | インパクト |

# ② 限界値を超えてきた 環境問題

# 1 | 気候変動とIPCC報告書

**Q**uiz#005　経済活動と気候危機との関係に関する記述として、誤っているのは次のうちどれでしょうか。

（A）人間活動が温暖化の主要因であることは未だ科学的に証明されていない。

（B）温暖化が気候変動そして激甚な自然災害を引き起こす要因になっている。

（C）気候変動に対しては、緩和策と適応策を合わせて実施する必要がある。

---

●IPCC評価報告書

　気候変動については、世界気候機関（WMO）と国連環境計画（UNEP）により1988年に設立された政府間組織「IPCC」(Intergovernmental Panel on Climate Change：気候変動に関する政府間パネル）が2021年から2022年にかけて、「第6次評価報告書」が発行しています。石炭火力発電、調達・生産活動、流通そして消費、廃棄といった経済活動の拡大によって、図の左側に示すように大気中の二酸化炭素（CO2）やメタン（GH4）などの温室効果ガスの濃度が急速に上昇したり、地球の平均気温が上昇し、それが気候変動を生み、熱波、豪雨、干ばつ、強い台風、積雪、永久凍土の解凍などの甚大な自然災害を引き起こしています。

　図の右側に示したように、「第6次評価報告書」は、それぞれ異なる目的を持つ3つの作業部会による報告書と統合報告書から構成されています。

　その中の「第1作業部会報告書」は、気候システムおよび気候変動に関する科学的知見を評価したもので、次のような指摘を行なっています。

①人間活動による温暖化への影響について「疑う余地がない」と初めて断

言しました。前回の第5次評価報告書（2013～2014年）では、人間活動の「可能性が極めて高い」との指摘でしたから、かなり踏み込んだ指摘になっています。

②人為起源の気候変動は自然や人間に対して「広範囲にわたる悪影響」を引き起こしているとしています。

③「気候変動―生態系―人間社会」に関する相互関係性の重要性を指摘しています。

### ●気候変動とSDGs

　図の中央に示したように、SDGsの中で気候変動を直接取り扱っているのが、SDG13（気候変動に具体的な対策を）です（☞**3-④-2**）。そこでも、緩和策と適応策の両面で対処することが示されています。

#### 気候変動とIPCC報告書

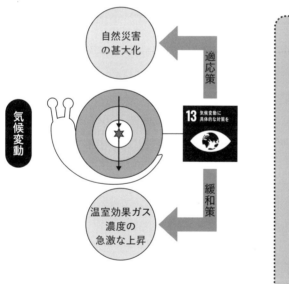

## ② 気候変動を緩和させるには

**Q**uiz#006　気候変動の緩和策に関する記述として、誤っているのは次のうちどれでしょうか。

（A）再生可能エネルギー（風力・太陽光）が低コストになり、安価でCO2の大幅な削減が見込まれる。

（B）農業由来の緩和策として、生態系の復元、新規・再植林がある。

（C）現在は温暖化を1.5℃に抑制する経路上にある。

### ●温室効果ガスの排出とIPCCの見解

気候変動の「緩和策」については、IPCCの「第3作業部会報告書」で次のような指摘を行なっています。

①現行のNDC（国が決定する貢献）では、気温上昇を1.5℃に抑える目標の達成は困難であり、温暖化を1.5℃に抑制する経路上にない。

②気候変動対策の加速は、SDGsが取り上げている「持続可能な開発」に不可欠である。

### ●気候変動の緩和策の可能性

また、「第3作業部会報告書」では、気候変動の緩和策の可能性について、次のように言及しています。

①削減し続けている国が存在している。

②技術コストの低下により、「100米ドル/tCO2」までの対策で、2030年までに2019年比半減は可能である。再生可能エネルギーが低コストなため、安価で大幅な削減が見込まれ、農業・土地利用由来の排出削減が大きい。

③炭素税、排出量取引などの緩和のための政策・法律の広がり。

## ●部門別の緩和策と需要サイドの変革

　気候変動の緩和策としては、次の部門別に加えて、需要サイドの対策の重要性が指摘されています。

①エネルギー部門（化石燃料の大幅削減）

②産業部門（生産プロセスの革新、需要管理、循環型の物質フロー）

③都市（インフラと都市形態の体系的な移行、電化）

④民生部門（充足性、省エネ、再生可能エネルギー対策）

⑤運輸部門（需要の削減、電気自動車、海運・航空低酸素水素とバイオ燃料）

⑥AFOLU：農業、林業、その他の土地利用

⑦需要サイド（社会文化的変化および行動の変容として、栄養、製造品、モビリティ、住まい、電力）

## ●気候変動の緩和策とSDGs

　温室効果ガスの排出削減による気候変動「緩和策」については、SDG13（気候変動に具体的な対策を）に、排出削減（13.2）と人的能力開発（13.3）が設けられました。これを受けた具体的な削減目標として、再生エネルギーへの転換（SDG7：エネルギー）と経済活動のサーキュラー型への変革（SDG12：責任）というプロセス改革を置き、さらにそれらを支援するイノベーションの達成（SDG9：産業）という構成になっています。

**気候変動への対応（1）緩和策**

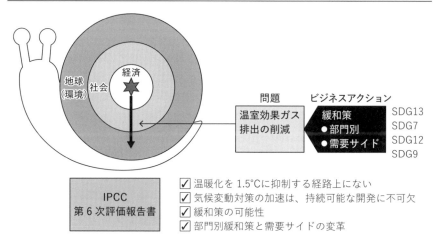

**3**　気候変動に適応するには

$\mathbf{Q}$uiz#007　気候変動の適応策に関する記述として、誤っているのは次のうちどれでしょうか。

（A）適応策は、ソフト対策（洪水予警報など）とハード対策（堤防やダムなど）が組み合わされて実施されている。

（B）効果的な適応策を講じることで、すべての損失と損害を防ぐことが可能である。

（C）工学的手段に加えて、自然を活用した適応策を組み合せることが有効である。

●**気候変動の適応策とIPCCの見解**

　気候変動に対する「適応策」は、すでに発生しているか、将来予想される被害を防止、軽減させる対策を指すいわば防衛策です。気候変動の適応策については、IPCCの「第2作業部会報告書」が取り扱っており、次のような人間システムへの影響を指摘しています。

①水不足と食糧生産への影響

②健康と福祉への影響

③都市、居住地、インフラへの影響

●**気候変動の適応策**

　気候変動の適応策としては、次のような対策があります。

①**水に関する適応**：これまでも、ソフト対策（洪水予警報など）とハード対策（堤防やダムなど）の組み合せが実施されてきました。例えば農業に関しての、灌漑、雨水備蓄・節水の技術、土壌の水分保持などです。

②**食糧安全保障の向上**：栽培品種改良、アグロフォレストリー、生物多様性の強化などです。

③**都市の改革**：工学的な手段を用いた適応に加えて、自然を活用した適応との双方を組み合わせることなどがあります。

●**適応の限界**

一方で、「第2作業部会報告書」は適応の限界についても指摘しています。

①効果的な適応策であっても、すべての損失や損害を防ぐことはできない。

②1.5℃以上気温上昇すると、一部の自律的な適応が機能しなくなる可能性がある。

③高温暖化によるリスクや、制度・資金面などによる適応の限界。

④不充分な計画や短期的な結果を過度に重視するなど結果を充分に予測しない場合に、適応行動が「意図しない効果をもたらす適応（maladaptation）」を引き起こす可能性がある。

●**気候変動への適応策とSDGs**

SDG13（気候変動に具体的な対策を）には、ターゲット13.1（気候関連や自然災害に対する強靱性および適応能力の強化）に加えて、「緩和策」との共通ターゲットとして13.2と13.3が設けられています。

## 気候変動への対応（2）適応策

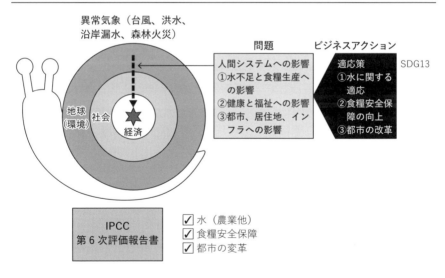

# 4 生態系と生物多様性

**Q**uiz#008　生態系と生物多様性に関する記述として、誤っているのは
次のうちどれでしょうか。
（A）人類は自然全体を支配する立場にある。
（B）人類は生態系の一部である。
（C）生物多様性は気候変動と並んで地球システムの重要な課題である。

## ●生物圏と生態系

　ヨハン・ロックストロームは、プラネタリーバウンダリー（☞1-①-1）
という概念において、気候システムと生物多様性の豊かさは、それぞれ単
独で地球の将来の状態を決める決定的な役割を果たすと、その重要性を指
摘しています。

　気候関連に比べると用語の定義など、一般に馴染みが薄い言葉も出てき
ますので、本項でキーワードを確認することから始めましょう。

　図に示すように、「自然」は非生物圏と生物圏から構成されています。

**❶生物圏**（Living realms）：地球の中で生物が存在する部分であり、最大
の生態系であり、再生します。私たち人間はこの生物圏に埋め込まれて
おり、完全に依存しています。

**❷生態系**（Ecosystems）：生物圏を構成する要素のひとつです。非生物
圏と動植物、菌類、微生物のコミュニティを結び付け、さまざまな自然
プロセスをコントロールする生命体の複合体を形づくっています。流
域、湿地、サンゴ礁、マングローブ林は生態系であり、農地、内水面漁
場、淡水湖、雨林、沿岸漁場、河口域、海域も生態系です。

　人間は多くの生態系の一要素であり、またその体内に微生物生態系を
持っています。

## ●生物多様性と生態系サービス

**❸生物多様性（Biodiversity）**：生態系の特徴のひとつであり、生物がさまざまな形で多様性に富んでいることを指します。自然の衝撃からの回復力を高め、私たちが依存している生態系サービスへのリスクを低下させます。生物多様性は、図の中央下部に示すように、遺伝子、生物種そして生態系の多様性3つのレベルに分けられます。

**❹生態系サービス（Ecosystem Services）**：生態系は、「めぐみ」となる次の3つのサービスを提供しています。

- ・供給サービス：収穫、採取する財（食物、水、繊維、木材、薬等）を供給
- ・調整・維持サービス：遺伝子ライブラリーの維持、土壌の保全と再生、治水、汚染物質の濾過、廃棄物の吸収、農作物の授粉、水循環の維持、気候制御など
- ・文化的サービス：娯楽、気晴らし、療養のために訪れる庭園、公園、海岸など

**自然 - 生物圏 - 生態系**

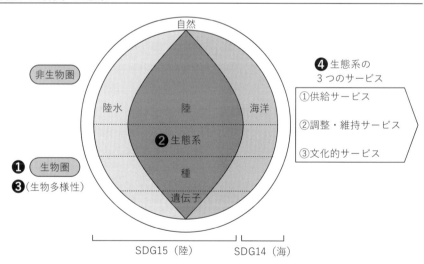

出典：WBCSD 'What does nature-positive mean for business?' 2022を翻訳し編集

限界値を超えてきた
環境問題

# 生態系に対して企業ができること

$\mathbf{Q}$uiz#009　人間が生態系から受け取っているサービスに関する記述として、誤っているのは次のうちどれでしょうか。

（A）現時点では、「供給サービス」を持続可能な形で享受している。

（B）廃棄物が「調整・維持サービス」に多大な負荷を与えている。

（C）復元や再生といった「ネイチャー・ポジティブ」な対応が必要である。

## ●「供給サービス」は摂取過剰状態

本項では、人間と自然との関係について見ていくことにしましょう。人間は、前項で確認した生態系から多くの「めぐみ」を受けており、先程それを大きく３つのサービスに分類しました。

まず、人間は「**供給サービス**」として、収穫、採取する財（食物、水、繊維、木材、薬）の供給を受けています。そして図中の①のピンに示すように、生物圏から得る物質が摂取過多の状態が継続し、生物圏の再生能力を超えています。

## ●「調整・維持サービス」の汚染

土壌の保全と再生、治水、汚染物質の濾過、廃棄物の吸収、農作物の授粉、水循環の維持、気候制御などの「**調整・維持サービス**」についてはどうでしょう。人間が地球に与える負荷は、図中の②のピンに示すように、廃棄物として生物圏に投げ捨てられる変換物質からも発生します。生分解性廃棄物に加えて、プラスチック（パックや容器）、ナイロン（漁網や合成繊維）、有害化学物質（殺虫剤、農薬）、金属や鉱物（硫化鉄鋼、水源化合物）、そして難分解性汚染物質が多く排出されており、川や海の汚染につながっています。

## ●ビジネスアクション

　企業はどのような対策をとるべきでしょうか。回避（Avoid）、軽減（Reduce）に加えて、復元（Restore）、再生（Regenerate）、そして変革（Transform）が求められています。生態系については、復元や再生といった「ネイチャー・ポジティブ」がますます重要になっています。有効なソリューションとして、「サーキュラーエコノミー」（☞4-④-2）があります。

## ●生物多様性の維持とSDGs

　生物圏と生物多様性については、SDG14（海の豊かさを守ろう）（☞3-④-3）とSDG15（陸の豊かさも守ろう）（☞3-④-4）で中心的に取り扱われています。

**生物多様性の危機**

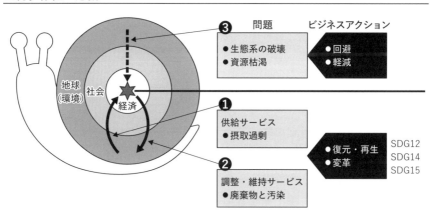

# 3 知らず知らずのうちに加担している 社会課題

## 1 企業は人権問題と どう向き合うか

$\mathbf{Q}$uiz#010　人権に関する記載として、誤っているのは次のうちどれでしょうか。

（A）国連の「ビジネスと人権に関する指導原則」に企業の義務は明記されていない。

（B）女性や児童など弱い立場の人々が犠牲者となることが多い。

（C）SDGsの169のターゲットの中で「人権」という文字が記載されているのは１件のみである。

---

### ●企業活動に伴う人権問題

　図中の①のピンで示したように、企業による雇用をめぐって、発展途上国では、児童労働や強制労働などの課題があり、先進国では、社会的弱者である女性、障害者、性的マイノリティ、外国人（移民、難民）などに対する差別、不公平という課題を抱えています。

### ●国連「ビジネスと人権に関する指導原則」

　国連「**ビジネスと人権に関する指導原則**」が、人権保護の政策として、2011年に国連人権理事会で決議され、すべての国家とすべての企業に適用されています。これは企業が国際人権基準を尊重する責任を負うことを初めて明記した文書であり、次の３つの柱から構成されています。

　①国家は人権を保護する義務がある

　②企業は人権を尊重する義務がある

　③人権侵害の被害者は救済措置を受ける権利がある

　権利の要求の対象は、健康、住居、食糧そして教育があります。企業として当然期待された責任であり、守らない場合には、図中の②のピンで示したように、相応のリスクを抱えることになります。これに対しては、人

権方針、人権教育、NGO対話、そして窓口設置などの対応が必要になります。

### ●人権デューデリジェンス

**人権デューデリジェンス**（Due Diligence）とは、世界中のすべての企業が、自社のバリューチェーン全体で起こる「人権リスク」を特定し、負の影響を予防し軽減するための行動を指します。ちなみにデューデリジェンスとは、新規事業の価値やリスクを調査することを意味する用語です。

### ●人権問題とSDGs

SDGsの目標とターゲットの文中に「人権」という文字は、SDG4のターゲット4.7（持続可能な開発のための教育の推進）の1ヵ所にしか記載されてはいませんが、「2030アジェンダ」(☞**2-①-2**) の前文には、「すべての人びとの人権を実現し」、「人権を保護し」、「誰一人取り残さない」、「人権諸条例」、「法の支配」など、人権が重要テーマとして取り上げられています。

**人権問題と人権デューデリジェンス**

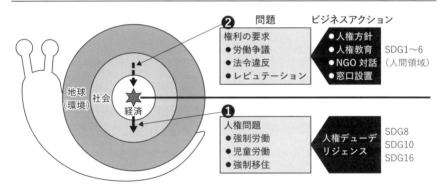

# **2** サプライチェーンの人権問題を知る

**Q**uiz#011　チョコレートのサプライチェーンに関する記載として、
誤っているのは次のうちどれでしょうか。

（A）チョコレートには肥満や糖尿病などの健康上の問題がある。

（B）児童労働は、カカオの他に砂糖、コーヒー、たばこ、コットンなど
と幅広く行なわれている。

（C）カカオは「フェアトレード（公正な取引）」が充分に普及している。

---

### ●チョコレートのサプライチェーンで起きている人権問題

　チョコレートと聞くと、何が頭に浮かんでくるでしょうか？　健康食品
としても注目されてはいますが、糖分や脂肪分の摂取による肥満や糖尿病
の話もあります。これは、図の右側に示した需要サイドを見ているにすぎ
ません。チョコレートとその主原料であるカカオのサプライチェーン全体
に目を向けると、社会課題が見えてきます。チョコレートの需要拡大に追
い付くために供給サイドでひずみが生じているのです。つまり、カカオの
栽培と加工の段階では、

①不充分な設備、品質不良による小規模カカオ農家の「不安定で低い収入」

②家庭の貧困などを背景に義務教育を妨げ、有害で危険な労働を意味する
「児童労働」への従事

③遠距離、教具・トイレ・水の不足など粗悪な設備に頼らざるを得ない教
育環境の下で「未就学児童」、特に女児の就学率は6割と低く退学も多い

④輸出入と生産段階における、消費者とメーカーの低コスト志向による低
価格買取り等の「不公正な取引」

　など、重要な課題が浮かび上がってきます。

## ●ビジネスアクション

　まずは「知ること」から始めましょう。現在、小規模生産者と労働者の生活とコミュニティを改善するために「**エシカル消費（倫理的な消費）**」の促進、生産者が適正で安定した収入を得る「**フェアトレード（公正な取引）**」の推進等の施策が進められています。児童労働など課題を抱える品目にはカカオの他に砂糖、コーヒー、たばこ、コットンなどがあり、これらにも注視していきたいものです。

## ●人権とSDGs

「小規模カカオ農家」は、SDG 2（飢餓をゼロに）で取り扱われています。SDG 2 は需給をバランスさせて飢餓に対処しようという構成となっており、小規模農家は食料供給の要なのです。(☞3-②-2)「児童労働」については、持続可能な経済成長と共に「ディーセント・ワーク（働きがいのある人間らしい雇用）」を目指すSDG8（働きがいも経済成長も）で取り扱われています。(☞3-③-2)

## ●ディーセント・ワークとSDGs

　グローバル化するビジネス環境で日本企業も大いに関わる課題として、SDG 8 のターゲット8.5（完全・生産的な雇用とディーセント・ワーク、同一労働同一賃金の達成）、ターゲット8.6（未就労・未就学の若者の大幅な削減）そしてターゲット8.b（若年雇用のための国家戦略の展開）が挙げられます。(☞3-③-2)

**チョコレートの持続可能なサプライチェーンを目指して**

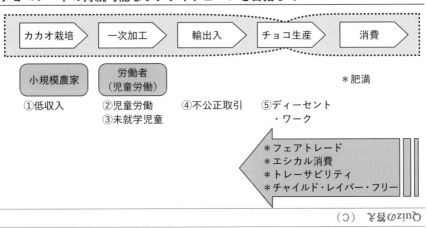

Quizの答え　（C）

人類と地球との関係を見直すヒントが、ここにあります。

## 旧約聖書　創世期第1章

> 神は仰せられた。「さあ、人をわれわれのかたちとして、われわれ
> の似姿に造ろう。こうして彼らが、海の魚、空の鳥、家畜、地のす
> べてのもの、地の上を這うすべてのものを支配するようにしよう。」

✎この人間と自然の関係に関するキリスト教的、西欧的思考に基づいて
グローバルな開発が推し進められ、「人新世」の入り口に至っています。

## ヨハン・ロックストローム、マティアス・クルム

> 地球自身は、すべてが変わってしまっても何も気にはしないだろ
> う。問題なのは、私たちの世界なのだ。結局のところ、急激な社会
> 的、生態学的な変化で不安定になった世界ではビジネスなどあり得
> ないことを、すべての企業は理解する必要がある。

ヨハン・ロックストローム、マティアス・クルム『小さな地球の大きな世界』2018

✎この現実を理解することが、サステナビリティ・マネジメントの出発
点となります。

## マハトマ・ガンジー

> 善きことはカタツムリの速度で動く

✎現象も対策もカタツムリのように着実に前進し、ティッピングポイン
トに達すると一気に進みます。

## 第 2 章

# 未来を照らす羅針盤 「SDGs」の基礎知識

## 【理念と実態】

# 1 国連における合意文書 「2030アジェンダ」とSDGs

## 1 SDGsは一過性の流行なのか

---

**Q**uiz#012 SDGsを説明するのに既存の概念を持ち出すこともありますが、SDGsの正しい認識は次のうちどれでしょうか。

（A）SDGsは、近江商人の「三方良し」に似たコンセプトである。

（B）SDGsは、CSR（企業の社会的責任）と似たコンセプトである。

（C）SDGsは、国連の「2030アジェンダ」に掲載された期限付きの目標である。

---

### ●「SDGsは当分様子見だ。嵐が過ぎ去るのを待とう」は正解だろうか

街角ではカラフルなSDGsの「**ホイール（車輪）バッジ**」を胸につけている人を見かける機会が増えました。企業の広告記事には、カラフルなSDGsの17の目標のアイコンが添えられています。

・ホイールバッジを胸につければSDGsのサポーターになるのか？

・17の目標のアイコンを掲載すればSDGs支援企業になるのか？

・SDGsがバズっているが、流行語で終わるだろうか？

ここは、様子見が賢明だろうと思うのも、もっともなことでしょう。

### ●流行語にノミネートされた「SDGs」

「2021年新語・流行語大賞ノミネート30語」が2021年11月に発表され、SDGsが候補にノミネートされてしまいました。

広まってよかった、ブームは去るもの、など受け止め方はさまざまでしょう。結果は幸い大賞には選ばれなかったとはいえ、我々は「流行語」は冷めるのも早いことを経験から学んでいます。ちなみに大賞は「リアル二刀流／ショータイム」でした。

日本では2020年に入ってからマスコミが騒がしく、テレビ、ラジオ、新聞、書籍とメディアでSDGsが広く取り上げられ、タレント、芸人、イ

ンフルエンサーを巻き込んだ現象が起きました。あるSDGs認知度調査でも、認知度は急上昇しています。メディアが積極的に推進している背景には、「**SDGメディア・コンパクト**」の存在があります。この組織は2018年に世界中の報道機関とエンターテインメント企業に対し、その資源と創造的才能をSDGs達成のために活用するよう促すことを目的として設立され、日本でも多くの組織が加盟しています。

### ●SDGsは別に新しいものではない

一方で、SDGsは日本古来の伝統とする声も多く聞こえてきます。

・近江商人の売り手よし、買い手よし、世間よしの「**三方良し**」だ。

・サーキュラーエコノミーなら、江戸時代の暮らしに戻ればよい。

これらは、コンセプトのレベルの話であったり、地球上の人口問題（☞1-①-3）を無視した考え方です。SDGsは、国連の「2030アジェンダ」に掲載された期限付きの目標です。このような状況だからこそ、SDGsを正しく理解することが重要であり、それこそが本書の重要な目的でもあります。

### SDGsとは何か

出所：「SDGsポスター」国際連合広報センター　https://www.unic.or.jp/files/sdg_poster_ja.png

Quizの答え　A（C）

# ② そもそも「SDGs」とは何か

**Q**uiz#013　日本では2020年代に入り、マスコミで頻繁に取り上げられ、SDGsという言葉の認知度も上昇しています。そもそも「SDGs」が国連で採択された年は次のうちどれでしょうか。

（A）2000年　　（B）2015年　　（C）2020年

### ●国連のアジェンダに明記されたアクションプラン

「SDGs（Sustainable Development Goals：持続可能な開発目標）」は、2015年9月に開催された国連の「持続可能な開発サミット」で採択された「**2030アジェンダ**」という文書に掲載された目標とアクションプランです。これは、2000年の「国連ミレニアムサミット」で採択された「MDGs（Millennium Development Goals：ミレニアム開発目標）」の後継に当たります。

　つまり、クイズにある（A）2000年はMDGsが国連で決議された年であり、（B）2015年がSDGsが決議された年になります。

### ●「2030アジェンダ」の構成

　その「2030アジェンダ」には、図に示したように、前文、宣言に続けて、「持続可能な開発目標（SDGs）とターゲット」が記載されています。

　「SDGs」とは厳密にいえば、この目標とターゲットのことを指します。ここには、世界が2030年に達成すべき具体的な目標として**17の目標**（Goals）、**169のターゲット**（Targets）が掲げられています。

　そして別途、目標の達成状況をモニタリングするために、2016年に国連統計局から、**グローバル指標**（Indicators）が公表されています。この指標は231件、重複を含めると248件（2022年4月現在）あり継続的に改訂されることになっています。

つまり「SDGs」とは、「三方良し」やCSRとは異なり、抽象的な思想やコンセプトを指す用語ではなく、2030年を含む期限付きの目標とアクションプランのリストであり、いわば固有名詞なのです。

● 「宣言」部分の理解が大前提になる

　目標は17に分けられ、さらに169の具体的な詳細目標と達成手段であるターゲットを示した「箇条書きのリスト」であるSDGsを理解するためには、その背景にある世界の現状認識、そしてビジョンとアクションプランとしてのSDGsとその達成に向けたマネジメントなどについて示されている「2．宣言」の箇所を熟読することが重要になります。

　「宣言」部分の理解は、SDGsのターゲットとして明記されていない、日本特有の課題や、個々のビジネスにとってのマテリアリティつまり重要課題（☞5-③-1）の検討に際して、さらには**ポストSDGs**を考えるに当たっての判断の基礎を手にすることにもつながるのです。

**SDGsと国連文書**

国連文書
「2030アジェンダ」（日本語仮訳37ページ）

1. 前文（2ページ）
2. 宣言（11ページ） --------
3. 持続可能な開発目標（15ページ）

　**SDGsとターゲット**
　・（17目標と169ターゲット）

4. 実施手段とグローバル
　・パートナーシップ（4ページ）
5. フォローアップとレビュー
　　　　　　　（5ページ）

2. 宣言
1) 導入部
2) 我々のビジョン
3) 我々の共有する原則と約束
4) 今日の世界
5) 新アジェンダ
6) 実施手段
7) フォローアップとレビュー
8) 我々の世界を変える行動の呼びかけ

別途
グローバル指標
231件、重複含み248件
（2022年4月現在）

Quizの答え　（B）

# 3 「2030アジェンダ」とはどんなものなのか

**Q**uiz#014　SDGsに関する記述として、誤っているのは次のうちどれでしょうか。

（A）主として開発途上国に関わる課題を取り扱っている。

（B）17の目標と169のターゲットは相互に関連し統合されている。

（C）個人や企業が活動を改善することで容易に達成可能な目標である。

### ●「2030アジェンダ」の性質を押さえておく

SDGsの特徴として次の項目が挙げられます。

①SDGsの前身であるMDGs（☞1-①-1）が発展途上国を対象としていたのに対して、SDGsは先進国も対象とするグローバル・アジェンダであること。

②**持続可能な開発の三側面**として、経済（成長）、社会（包摂）、環境（保護）の３つの要素を調和させることが目標の達成に不可欠としていること。

③「**誰一人取り残さない（No one left behind）**」ために、農村・都市、ジェンダー、移民、障害者など社会的格差および弱者への配慮を掲げていること。

④すべての国、すべての人々が行動するような「**普遍性**」を持ち、17の目標は相互に関係しており、総合的に取り組むよう「**不可分性**」を有していること。（☞2-②-2）

⑤そこに掲げられているゴールは、継続的改善といった漸進的なものではなく、「**変革性**」を持ち、バックキャスティング（☞2-①-6）で戦略的に対処しなければ到底達成できないものという性格を有していること。

## ●実施のメカニズム

SDGsはその実施のメカニズムにも特徴があります。

- ・各国、地域の代表者は、SDGsの達成にコミットしてはいますが、法的な拘束力はありません。そこで、
- ・各国政府は当事者意識を持って、17の目標達成に向けた国内的枠組を確立するよう期待されており、政府に加えて、民間セクター、市民社会その他ステークホルダーが行動を起こすとが求められています。
- ・その達成を担保するために、グローバル、地域、そして国レベルで進捗状況のフォローアップと審査を実施することにしています。モニタリングに当たっては、国連統計委員会が作成する「**SDGインディケータ・フレームワーク**」を用いることになっています。(☞2-①-5)

## 「2030アジェンダ」の概要

| 項　目 | 解　説 |
|---|---|
| 採択 | ・2015年9月「国連持続可能な開発サミット」 |
| 名称 | ・「2030 Agenda for Sustainable Development（持続可能な開発のための2030アジェンダ） |
| 定義 | ・「持続可能な開発」とは、将来の世代がそのニーズを充足する能力を損なわずに、現世代のニーズを充足する開発 |
| 目的 | ・あらゆる形態の貧困に終止符を打つことを目的とする行動計画 |
| 期間 | ・2016年〜2030年 |
| 構造 | ・目標（Goal）17件、ターゲット（Target）169件、指標（Indicator）231件から成る三重構造。<br>・指標は「2030アジェンダ」に基づいて国連統計局が提供している。初版は2017年3月に承認され、年次に必要に応じて改良されている。2022年4月現在「SDG指標のグローバル指標フレームワーク」に掲載されているグローバル指標は248件あり、重複を除くと231件。 |
| 特徴 | ・先進国も対象とするグローバル・アジェンダ<br>・経済（成長）、社会（包摂）、環境（保護）3つの要素を調和させることが不可欠<br>・「誰一人取り残さない（No one left behind）」……社会的格差、弱者（農村・都市、ジェンダー、移民、障害者など）への配慮 |
| 性質 | ①普遍的（Universal）……すべての国とすべての人が行動する<br>②不可分（Indivisible）……総合的に取り組む<br>③変革的（Transformative） |

# 4 SDGsは5つの領域に分けられる

**Q**uiz#015　SDGsの17の目標は、5つの重要領域（「5つのP」と呼ぶ）にグルーピングされます。その説明として適切でないものは次のうちどれでしょうか。

（A）SDGsの三側面（環境・社会・経済）が「5つのP」に反映されている。

（B）17の目標は「5つのP」の間でほぼ均等になるように設定されている。

（C）「パートナーシップ」は他の4つのPを支援する位置付けにある。

◉**重要領域としての「5つのP」**

　SDGsの17の目標は、理解するには多いと感じる人も多いと察します。そこで、「**2030アジェンダ**」では、英単語の頭文字がPで始まる次の5つの重要領域にグルーピングして示しています。図の構成からもわかるように、SDGsの三側面である社会・経済・環境の順に、

①**人間（People）**：すべての人間が潜在能力を発揮できること。

②**豊かさ（Prosperity）**：すべての人間が豊かで満たされた生活を享受できること。

③**地球（Planet）**：地球を破壊から守ること。

　という3つのグループがあり、次にこれらを支える基盤として、

④**平和（Peace）**：平和的、公正かつ包摂的な社会を育んでいくこと。

　そして、SDGsの達成に向けた共通の達成手段として、

⑤**パートナーシップ（Partnership）**：このアジェンダの実現に必要な手段を、グローバル・パートナーシップを通じて動員すること。

　となっています。

◉**人間（People）中心の思想が背景にある**

　ここで、「③地球」とはいっても、あくまでも「人類の生命サポートシ

ステムとしての地球環境」であることも踏まえて、著者が作成した図では「①人間」を社会ではなく、三側面の中心に配置してあります。

## SDGsの5つの重要領域：「5つのP」

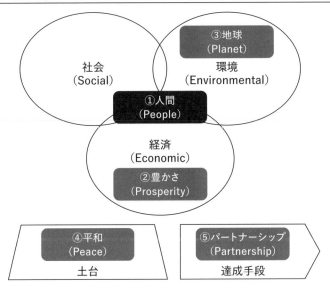

| 5つのP | 「2030アジェンダ」前文の記述より引用 |
| --- | --- |
| 人間<br>（People） | 我々は、あらゆる形態及び側面において貧困と飢餓に終止符を打ち、すべての人間が尊厳と平等の下に、そして健康な環境の下に、その持てる潜在能力を発揮することができることを確保することを決意する。 |
| 豊かさ／繁栄<br>（Prosperity） | 我々は、すべての人間が豊かで満たされた生活を享受することができること、また、経済的、社会的及び技術的な進歩が自然との調和のうちに生じることを確保することを決意する。 |
| 地球<br>（Planet） | 我々は、地球が現在及び将来の世代の需要を支えることができるように、持続可能な消費及び生産、天然資源の持続可能な管理並びに気候変動に関する緊急の行動をとることを含めて、地球を破壊から守ることを決意する。 |
| 平和<br>（Peace） | 我々は、恐怖及び暴力から自由であり、平和的、公正かつ包摂的な社会を育んでいくことを決意する。平和なくしては持続可能な開発はあり得ず、持続可能な開発なくして平和もあり得ない。 |
| パートナーシップ<br>（Partnership） | 我々は、強化された地球規模の連帯の精神に基づき、最も貧しく最も脆弱な人々の必要に特別の焦点をあて、全ての国、全てのステークホルダー及び全ての人の参加を得て、再活性化された「持続可能な開発のためのグローバル・パートナーシップ」を通じてこのアジェンダを実施するに必要とされる手段を動員することを決意する。 |

参照：「我々の世界を変革する：持続可能な開発のための2030アジェンダ」国連、外務省仮訳

Quizの答え ・・・（B）・・・平和とパートナーシップに対応するSDGsはそれぞれ1件

# **5** SDGsは三層構造でできている

**Q**uiz#016　SDGsは次の3つの要素で構成されていますが、「2030アジェンダ」上で、その具体的な内容が示されていない要素があります。次のうちどれでしょうか。

（A）ゴール（目標）

（B）ターゲット（詳細目標と達成手段）

（C）インディケータ（指標）

●SDGsは三重構造で構成されている

　SDGsは図に示すように、「目標→ターゲット→指標」の3つのレベルで構成されています。この構造自体はSDGsの前身であるMDGsから引き継がれたものです。

① 「目標（Goals）」は、広く目にするSDGsのカラフルなアイコンのレベルが該当します。目標レベルは、SDG1（貧困をなくそう）などテーマ別にグルーピングされた領域で、抽象度が高くなっています。

② 「ターゲット（Targets）」は、抽象的な目標の的を絞るために169のターゲットにブレークダウンされたレベルです。ターゲットには、詳細目標と達成手段の2つのタイプがあります。(☞3-①-1)

③ 「指標（Indicators）」は、目標値や達成度をモニタリングするためのレベルで、ターゲットごとに国連統計局が設定しています。合計で231件（重複を含めると248件）の指標があり（2022年4月現在）、年次に必要に応じて改良されることになっています。

●ターゲットにはグローバル指標と期限が設定されている

　SDGsの対象範囲は環境、社会、経済と広く、貧困（SDG1）や気候（SDG13）といった目標レベルのくくりでは、企業を含む人間の活動のほ

とんどがSDGsに関係してしまい、「SDGs的な」というアバウトな解釈が
まかり通ってしまいます。

　図の右側に示したように、「貧困の撲滅」を例に挙げれば、SDGsの前身
であるMDGsにも目標1（極度の貧困と飢餓の撲滅）で取り上げられてい
ました。

　SDGsはどこが違うのでしょうか。SDGsの目標1（貧困をなくそう）を
ターゲット・レベルまで踏み込んで確認すると、MDGsでは取り上げられ
ていなかった先進国も抱える社会的課題としての「相対的貧困」が明記さ
れていることに気付きます。

・ターゲット1.2（相対的な貧困率の半減）。
・それに対応する指標レベルでは、指標1.2.1（各国の貧困ラインを下回っ
　て生活している人口の割合（性別、年齢別））がある。

　このように、ターゲット・レベル、そして指標レベルまで踏み込んで課
題を確認することが重要です。このことは、「SDGsウォッシュ」のリスク
を回避することにもつながります。(☞2-③-1)

## SDGは「目標−ターゲット−指標」の三重構造から成る

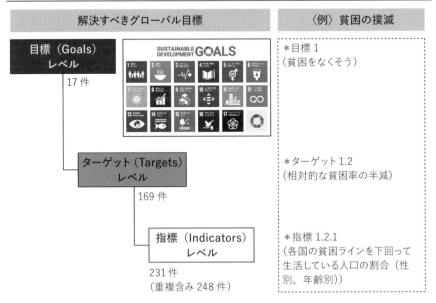

# 6 目標とする将来像のために 今何をすべきか

**Q**uiz#017　SDGsが描く2030年の未来図について、その性格を端的に
表わす言葉として適切なものは次のうちどれでしょうか。

（A）理想的な未来　　（B）現実的な未来　　（C）革新的な未来

## ●SDGsが描くビジョン

第1章の「プラネタリーバウンダリー」（☞1-①-1）や気候危機（☞1-②
-1）の項で確認したように、私たちを取り巻く環境と社会は待ったなしの
状態にあります。

「2030アジェンダ」の「宣言」の章に、次のように記載されています。

> 我々のビジョン
> 7．これらの目標とターゲットにおいて、我々は最高に野心的かつ変革
> 的なビジョンを設定している。

つまり、SDGsが描く未来は、実現不可能な理想でもなければ、サステ
ナビリティにはほど遠い改善を積み上げる現実的なものでもなく、ドラス
ティックなものです。そうでなければ、地球の生命サポートシステムを維
持することが難しい状態にあるのです。

## ●SDGsは戦略論でいうBHAGに当たる

経営戦略で長期のビジョンを立てるに当たって、「**BHAG（ビーハグ）**」
（Big Hairy Audacious Goal：大きく困難で大胆な目標）と呼ばれる目標が
あります。これは、米ソ冷戦時代の1961年にジョン・F．ケネディ米国
大統領が「10年以内にアメリカは人間を月に送り、無事帰還させる。（中略）
なぜ月へ10年で行くのか。それがやさしいからでなく、難しいからだ。
この目標が我々から最高の活力と技術を引き出すからだ。」とアポロ計画
の承認を求めた際のスピーチに象徴される、大胆な目標です。SDGsは、

野心的で広範囲かつつながりを持った、まさに「BHAG」といえます。

## ●SDGsを戦略に取り込むには

　企業がこの野心的なSDGsを理解し、それに対する貢献を戦略に取り込むには、図に示すように、私たちの思考法自体を変革する必要があります。

①**ファクトフルネス**で事実を科学的に見つめる：世界の現実を見るため、パターン化やネガティブ本能といった「10の本能」に基づく思い込みから解放された考え方です。

②**バックキャスティング**でビジョンを描く：フォアキャスティングが、現状分析などから未来を予測するのに対して、バックキャスティングは、目標となる将来像を先に描き、逆算して今何をすべきかを考える方法で、未来からの発想法です。

③**システム思考**でロードマップを描く：社会や環境の課題は多くの要因が重なり合ってできており、企業活動がそれらに与えるインパクトを把握するにも、複雑性が伴います。企業がSDGsをビジネス戦略に組むことを支えるフレームワークとして、ロジックモデルや戦略マップ（☞5-①）などのフレームワークの活用が有効です。

### SDGsが描く未来はBHAG

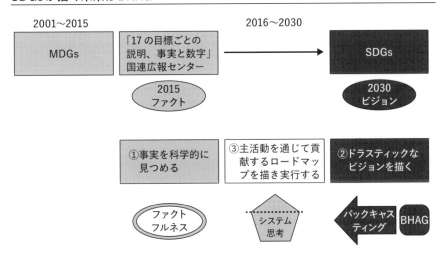

# 国連における合意文書
「2030アジェンダ」とSDGs

# 17のSDGs
（持続可能な開発目標）

**Quiz#018**　SDGsの17の目標に関する記述として、誤っているのは次のうちどれでしょうか。

（A）「アイコン」上の目標は、判読しやすいように短縮形で示されている。

（B）SDGsの目標とは、「2030アジェンダ」に掲載されている文章を指す。

（C）SDGsの目標を含め「2030アジェンダ」は、普及のため日本語仮訳が英語に優先する。

---

　SDGsの17の目標とは、表の右側に掲載した「2030アジェンダ」の「3.持続可能な開発目標」に掲載された文章を指します。

　表の左側に示したよく見かけるカラフルな「アイコン」上の表記は、あくまでも文字数の制約によるシートメッセージになっています。和訳に当たっては本文を参照して標語調にするなどの工夫の跡が見受けられますが、短文のため文の意図が伝わりにくい面もあり、注意する必要があります。

　例えば、SDG 9（産業と技術革新の基盤をつくろう）、SDG11（住み続けられるまちづくりを）そしてSDG12（つくる責任つかう責任）の短縮形の日本語訳については、真意を理解するには注意が必要であると著者は考えています。（☞3-③-3）、（☞3-③-5）、（☞3-④-1）

　つまるところ、SDGsの「目標レベル」を理解するに当たっては、判断を誤らないように「2030アジェンダ」記載の本文まで確認することが重要なのです。

## SDGs一覧（短縮形と全文）

| 5つのP | SDG | 短縮形<br>（SDGsアイコン上の表記） | SDGs<br>（「2030アジェンダ」記載の文章） |
|---|---|---|---|
| 人間 | 1 | 貧困をなくそう<br>No poverty | あらゆる場所のあらゆる形態の貧困を終わらせる |
| | 2 | 飢餓をゼロに<br>Zero hunger | 飢餓を終わらせ、食料安全保障及び栄養改善を実現し、持続可能な農業を促進する |
| | 3 | すべての人に健康と福祉を<br>Good health and well-being | あらゆる年齢の全ての人々の健康的な生活を確保し、福祉を促進する |
| | 4 | 質の高い教育をみんなに<br>Quality education | 全ての人に包摂的かつ公正な質の高い教育を確保し、生涯学習の機会を促進する |
| | 5 | ジェンダー平等を実現しよう<br>Gender equality | ジェンダー平等を達成し、全ての女性及び女児の能力強化を行う |
| | 6 | 安全な水とトイレを世界中に<br>Clean water and sanitation | 全ての人々の水と衛生の利用可能性と持続可能な管理を確保する |
| 豊かさ | 7 | エネルギーをみんなにそしてクリーンに<br>Affordable and clean energy | 全ての人々の、安価かつ信頼できる持続可能な近代エネルギーへのアクセスを確保する |
| | 8 | 働きがいも経済成長も<br>Decent work and economic growth | 包摂的かつ持続可能な経済成長及び全ての人々の完全かつ生産的な雇用と働きがいのある人間らしい雇用（ディーセント・ワーク）を促進する |
| | 9 | 産業と技術革新の基盤をつくろう<br>Industry, innovation and infrastructure | 強靱（レジリエント）なインフラ構築、包摂的かつ持続可能な産業化の促進及びイノベーションの推進を図る |
| | 10 | 人や国の不平等をなくそう<br>Reduced inequalities | 各国内及び各国間の不平等を是正する |
| | 11 | 住み続けられるまちづくりを<br>Sustainable cities and communities | 包摂的で安全かつ強靱（レジリエント）で持続可能な都市及び人間居住を実現する |
| 地球 | 12 | つくる責任つかう責任<br>Responsible consumption and production | 持続可能な生産消費形態を確保する |
| | 13 | 気候変動に具体的な対策を<br>Climate action | 気候変動及びその影響を軽減するための緊急対策を講じる |
| | 14 | 海の豊かさを守ろう<br>Life below water | 持続可能な開発のために海洋・海洋資源を保護し、持続可能な形で利用する |
| | 15 | 陸の豊かさも守ろう<br>Life on land | 陸域生態系の保護、回復、持続可能な利用の推進、持続可能な森林の経営、砂漠化への対処、ならびに土地の劣化の阻止・回復及び生物多様性の損失を阻止する |
| 平和 | 16 | 平和と公正をすべての人に<br>Peace, justice and strong institutions | 持続可能な開発のための平和で包摂的な社会を促進し、全ての人々に司法へのアクセスを提供し、あらゆるレベルにおいて効果的で説明責任のある包摂的な制度を構築する |
| パートナーシップ | 17 | パートナーシップで目標を達成しよう<br>Partnerships for the goals | 持続可能な開発のための実施手段を強化し、グローバル・パートナーシップを活性化する |

Quizの答え　A（C）

# 1 「ウェディングケーキ」が示す SDGs各目標のつながり

**Q**uiz#019　SDG17（パートナーシップ）は、環境、社会と経済の三局面で位置付けるとしたら、次のうちどれでしょうか。

（A）経済。

（B）社会。

（C）環境、社会と経済の３つの局面を串刺しにする。

---

●**SDGsの相互関係を的確に表現した重要な図**

　図に示した「**SDGsのウェディングケーキのビュー（見方）**」は、「プラネタリーバウンダリー」（☞1-①-1）の提唱者でもあるヨハン・ロックストローム（ストックホルム・レジリエンス・センター）らが、2016年にストックホルムで開催された「EAT Food Forum」でSDGs達成に向けた新たなビューとして「ウェディングケーキ・アプローチ」のトークの中で紹介したものです。発表の場である食にちなんでウェディングケーキの比喩を採用したのではないかと、著者は思っています。

　ロックストロームはSDGsを三段のケーキに見立てて「環境・社会・経済」の３つに分類しました。これは、SDGsの「３つの領域」や「トリプル・ボトムライン」（☞4-③-3）にも共通するものです。中でもこのウェディングケーキのビューは、そこに相互依存関係を強調した点に特徴があります。

　つまり、企業はケーキの最上段に位置する「経済」またはビジネス生態系の主要なプレイヤーですが、その経済は二段目の人間「社会」という需要がなければ成り立ちません。そして「社会」は「生物圏（Biosphere）」または地球や環境に支えられていることを示しています。このことについてロックストロームはその著書の中で「死んだ地球ではビジネスなどできない」と警鐘を鳴らしていることからも、ベースに当たる「環境」の重要

性がわかります。

## ●SDGsの三段への分類を確認しましょう

この図では、17件のSDGsをケーキの各段に分類しています。そこで、個々のSDGsをターゲット・レベルまで踏み込んで解釈しながら確認してみましょう。すると各段への分類に悩まされる目標があることに気付きます。上段から、「経済」に分類されている「SDG12（責任）」は環境への配慮に重点が置かれているため、環境がふさわしいのではないか。そして「SDG 6（水）」は飲料水の衛生やアクセスなど社会的課題ではないか、などです。

SDGsの「5つのP」(☞2-①-4) では、独立したPとして取り扱われているSDG16（平和）については、別枠としてではなく、社会に分類しています。また、「5つのP」のひとつ「SDG17（パートナーシップ）」の取扱いも悩みどころです。SDG17は、それ以外の16の目標を達成するための共通する手段を取りまとめたものです。このため、この図では、「環境・社会・経済」の三段を縦に串刺しする矢印として表現されているのです。

**SDGsのウェディングケーキのビュー**

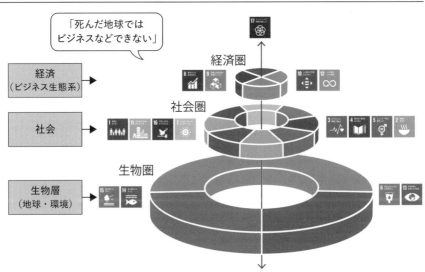

出所：Johan Rockström and Pavan Sukhdev present new way of viewing the Sustainable Development Goals and how they are all linked to food. : Azote for Stockholm Resilience Centre, Stockholm University に著者が加筆

（C）　え答のziuQ

第2章　未来を照らす羅針盤　「SDGs」の基礎知識【理念と実態】　59

**2**

# SDGsの各目標は
# 互いに影響し合う

**Q**uiz#020　あるSDG（目標）への貢献を狙ったアクティビティが、他のひとつまたは複数の目標に、正あるいは負のインパクトを及ぼすことがあります。特定の目標の特徴を表わす記述として、誤っているのは次のうちどれでしょうか。

（A）SDG 4（教育）は、広く他の目標に正のインパクトを及ぼす。

（B）SDG 5（ジェンダー）は、他の目標に特に重要なトレードオフを生じさせる。

（C）SDG17（パートナーシップ）は、他のすべての目標の達成手段として強い関係性を持つ。

---

### ●17の目標には相互関係が存在する

「2030アジェンダ」の前文には、「持続可能な開発目標の相互関連性及び統合された性質は、この新たなアジェンダの目的が実現されることを確保する上で極めて重要である」と記載されています。つまり、SDGsの17の目標は、相互に関係性があり、ある目標への貢献を狙ったアクティビティが、その他のひとつまたは複数の目標に正はもちろんのこと、負のインパクトを及ぼす可能性があり、留意する必要があります。

### ●SDGsの正の相互関係

　表に示した「SDGs相互関係マトリックス（正のインパクト）」は、あくまでも一般論ではありますが、狙ったSDGs以外に正のインパクトを与える可能性を紹介するため、UN Global Compact（国連グローバル・コンパクト）の「Blueprint for Business Leadership on the SDGs」を参照し、著者が加筆してマトリックス表の形式にまとめたものです。表の横軸のSDGsの達成に向けたアクションは、○印の付いた縦軸の目標にプラスの

インパクトを与えることを示しています。

①「5つのP」のうちで「人間」に関わる目標1から目標6の6つの目標についての相互関係性の強さがわかります。

②目標12から目標15の「地球」に係る4つの目標にも、相互関係性の強さが確認できます。

③目標17（パートナーシップ）は、施策であるため、他の16の目標に影響を与えます。

　なお負のインパクトを与えるリスクについては、【2-③-2】で取り上げています。

## SDGs相互関係マトリックス（正のインパクト）

| インパクト＼SDGs | 1 貧困 | 2 飢餓 | 3 健康 | 4 教育 | 5 ジェンダー | 6 水 | 7 エネルギー | 8 働きがい | 9 産業 | 10 不平等 | 11 まち | 12 責任 | 13 気候変動 | 14 海 | 15 陸 | 16 平和 | 17 パートナー |
|---|---|---|---|---|---|---|---|---|---|---|---|---|---|---|---|---|---|
| 1. 貧困 | ■ | ○ | ○ | ○ | ○ | ○ | | ○ | ○ | ○ | | ○ | ○ | ○ | ○ | | |
| 2. 飢餓 | ○ | ■ | ○ | ○ | ○ | | | ○ | ○ | | | | ○ | ○ | | | |
| 3. 健康 | ○ | ○ | ■ | ○ | ○ | ○ | | ○ | | | | | ○ | ○ | | | |
| 4. 教育 | ○ | ○ | ○ | ■ | ○ | ○ | | | ○ | ○ | ○ | | | | | ○ | |
| 5. ジェンダー | ○ | | ○ | ○ | ■ | | | ○ | | | | | | | | ○ | |
| 6. 水 | ○ | | | | | ■ | | | | | | | | ○ | | | |
| 7. エネルギー | ○ | | | | | | ■ | ○ | ○ | | | | ○ | | | | |
| 8. 働きがい | ○ | ○ | ○ | ○ | ○ | | | ■ | ○ | | | | | | | ○ | |
| 9. 産業 | | ○ | | | | | ○ | ○ | ■ | | ○ | ○ | | | | | |
| 10. 不平等 | ○ | ○ | | | | | | ○ | | ■ | | | ○ | ○ | | | |
| 11. まち | | | ○ | | | ○ | ○ | ○ | ○ | ○ | ■ | | ○ | ○ | ○ | | |
| 12. 責任 | | | ○ | | | ○ | ○ | | | | | ■ | ○ | ○ | ○ | | |
| 13. 気候変動 | ○ | ○ | | | | ○ | | | | | | ○ | ■ | ○ | ○ | | |
| 14. 海 | ○ | ○ | | | ○ | | | | ○ | | | ○ | ○ | ■ | ○ | | |
| 15. 陸 | ○ | ○ | | | | | | | ○ | | | ○ | ○ | ○ | ■ | | |
| 16. 平和 | | | | ○ | | | | ○ | | | | | | | | ■ | ○ |
| 17. パートナー | ○ | ○ | ○ | ○ | ○ | ○ | ○ | ○ | ○ | ○ | ○ | ○ | ○ | ○ | ○ | ○ | ■ |

※○印は、横軸に示した目標の達成に向けたアクションは、縦軸に示した目標にプラスのインパクトを与えることを示す。
参照：'Blueprint for Business Leadership on the SDGs: A Principles-based Approach' UN Global Compact、2017を基に加筆しマトリックス表を作成

Quizの答え　（B）

# あなたの会社は大丈夫？「SDGsウォッシュ」

**Q**uiz#021　いわゆる「SDGsウォッシュ」に該当しない例は次のうちどれでしょうか。

（A）SDGsには取り組んでおらず、SDGsへの貢献を表明していないケース。

（B）あるSDGに積極的に取り組んでいるが、それが他のSDGsに重大な負のインパクトを与えてしまっているケース。

（C）あるSDGsに貢献していると公表しているものの、ターゲット・レベルで見ると明らかに該当しないケース。

● 「SDGsウォッシュ」って何？

　SDGsはマスコミに取り上げられる機会も増え、単語自体の認知度は徐々に高まっています。そのため、いわゆる「**SDGsウォッシュ**」に注意する必要があります。

　環境に配慮しているかのように見せかけることは「**グリーンウォッシュ（Greenwash）**」と呼ばれていますが、これは「**ホワイトウォッシュ（Whitewash：上辺を塗る、ごまかし、粉飾）**」から転じた造語です。その流れで、上辺だけSDGsの達成に貢献しているふりをすることを「SDGsウォッシュ（SDG washing）」と呼んでいます。

●**知らないうちに「SDGsウォッシュ」に陥っているかも知れない**

　表は、SDGs経営の実践と開示の**成熟度レベル**を示しています。この表でレベル１に該当するのが「SDGsウォッシュ」状態にある企業になります。具体的には、以下のようなケースです。

①SDGsへの支援を謳ってはいるものの、何も実行していないケース。

②SDGsへの貢献（正のインパクト）ばかりを取り上げて、その活動の負

のインパクトに言及しないケース。これには、知らないうちに狙った以外のSDGsに負のインパクトを与えているケースも含まれます。(☞2-③-2)

③SDGsの目標レベルは合ってはいるものの、ターゲット・レベルで見ると、該当するターゲットが見当たらず、厳密にいえばSDGsの目標とターゲットに貢献しているとはいい難いケース。

◉SDGsウォッシュのリスクを回避するには

　SDGsウォッシュのリスクを回避するには、次の対応が考えられます。

①「**SDGsを左に置く**」と呼ばれるアプローチで、既存の取り組みをSDGsにプロットするのではなく、SDGsを環境と社会の課題のチェックリストとして活用する。

②ターゲット・レベルまで踏み込んで検討する。

③サプライチェーンの上流から下流までの全体を見渡して検討する。

④バリューチェーン・マッピングを実施する。(☞5-②-1)

⑤ステークホルダーの意見に耳を傾ける。

⑥KPI（重要業績評価指標）と目標値を設定しモニタリングする。

## SDGs経営の実践と開示（成熟度レベル）

| SDGs経営の成熟度レベル | 〈開示〉コミュニケーション | 〈実行〉アクションとパフォーマンス | 〈貢献〉社会・環境へのインパクト | コメント |
|---|---|---|---|---|
| ３）SDGs戦略優良企業 | ○ | ○ | ○ | ・有言実行<br>・目標のコミットメント<br>・モニタリング<br>・高いインパクト |
| ２）隠れ良き企業市民 | × | ○ | ○ | ・不言実行<br>・外部者の認識困難 |
| １）SDGsウォッシュ企業 | ○ | × | × | ・有言不実行<br>・他領域に負のインパクト発生 |
| ０）悪しき企業市民 | × | × | × | ・グローバル課題に無関心<br>・社会的責任回避 |

## 2 気付かないうちに負のインパクトを生み出してしまう危険

**Q**uiz#022　植物由来のパーム油を使い、「健康に良い（SDG 3）」を謳い文句にSDGsに積極的に取り組んでいると主張している食品メーカーが留意すべき「SDGsウォッシュ」のリスクとして、考えられる項目は次のうちどれでしょうか。

（A）森林開発　　（B）気候変動　　（C）地元経済

### ●狙ったSDGs以外に負のインパクトを与えるリスク

　表に示した「SDGs相互関係マトリックス（負のインパクト）」は、あくまでも一般論ではありますが、狙ったSDGs以外に負のインパクトを与えるリスクの概要を紹介するため、UN Global Compact の「Blueprint for Business Leadership on the SDGs」を参照し、著者が加筆してマトリックス表の形式にまとめたものです。表の横軸の目標の達成に向けたアクションは、✓印の付いた縦軸の目標に負のインパクトを与えることを示しています。

①他のSDGsに負のインパクトを与えるリスクを伴うケースとして、SDG 9 （産業）、SDG11（まち）などの開発系、そしてSDG 2 （飢餓）に関するアクションが、高い可能性があることが確認できます。一方で、SDG 4 （教育）、SDG 5 （ジェンダー）、SDG16（平和）はリスクが低いとされています。

②負のインパクトを受けやすいSDGsとしては、SDG 8 （働きがい）、SDG10（不平等）などの弱者への影響、そしてSDG14（海）とSDG15（陸）の生態系と環境が挙げられます。

### ●新製品／サービスの開発では要注意

　クイズは、前項で紹介した「SDGsウォッシュ」の②の狙った以外の

SDGsに負のインパクトを与えてしまっているケースに該当します。

　パーム油（アブラヤシの果実から得られる植物油）の調達先が、需要増大に合わせた農地拡大のために森林を伐採し（SDG15）、先住民の生活をおびやかし（SDG２）、気候変動（SDG13）に多大な負のインパクトをもたらす結果になっているというケースが報告されています。バイオマス発電による森林開発問題、大規模ソーラー発電による景観への影響や土砂災害など、新製品／サービスを開発するに当たっては注意が必要です。

　なお正のインパクトを与えるリスクについては、【2-②-2】で取り上げています。

## SDGs相互関係マトリックス（負のインパクト）

| インパクト<br><br>SDGs | 1<br>貧困 | 2<br>飢餓 | 3<br>健康 | 4<br>教育 | 5<br>ジェンダー | 6<br>水 | 7<br>エネルギー | 8<br>働きがい | 9<br>産業 | 10<br>不平等 | 11<br>まち | 12<br>責任 | 13<br>気候変動 | 14<br>海 | 15<br>陸 | 16<br>平和 | 17<br>パートナー |
|---|---|---|---|---|---|---|---|---|---|---|---|---|---|---|---|---|---|
| 1. 貧困 | ■ | | | | | | | | | | | | ✓ | ✓ | ✓ | | |
| 2. 飢餓 | | ■ | ✓ | | | ✓ | | ✓ | | | | | | | | | |
| 3. 健康 | | | ■ | | | | | ✓ | | | | ✓ | | | | | |
| 4. 教育 | | | | ■ | ✓ | | | | | ✓ | | | | | | | |
| 5. ジェンダー | | | | | ■ | | | | | | | | | | | | |
| 6. 水 | | ✓ | | | | ■ | ✓ | | | | | | | | | | |
| 7. エネルギー | ✓ | ✓ | | | | | ■ | | ✓ | | | | | | ✓ | | |
| 8. 働きがい | | | | | | | | ■ | | ✓ | | | ✓ | ✓ | | | |
| 9. 産業 | | | | | ✓ | | | | ■ | ✓ | | | ✓ | ✓ | | ✓ | |
| 10. 不平等 | | | | | | | | | | ■ | | | ✓ | | | | |
| 11. まち | ✓ | ✓ | ✓ | | | | | ✓ | | | ■ | | | | | | |
| 12. 責任 | | | ✓ | | | | | ✓ | | | | ■ | | | | | |
| 13. 気候変動 | | ✓ | | | | | | ✓ | | ✓ | | | ■ | | ✓ | | |
| 14. 海 | | | | | | | | ✓ | ✓ | | | | | ■ | | | |
| 15. 陸 | | | | | | | | ✓ | ✓ | | | | | | ■ | | |
| 16. 平和 | | | | | | | | | | | | | | | | ■ | ✓ |
| 17. パートナー | | | | | | | | | | ✓ | | | | | | ✓ | ■ |

※✓印は、横軸に示した目標の達成に向けたアクションは、縦軸に示した目標にマイナスのインパクトを与えることを示す。

参照：'Blueprint for Business Leadership on the SDGs: A Principles-based Approach' UN Global Compact、2017を基に加筆しマトリックス表を作成

## 4 SDGsの達成責任は誰が持つか
達成主体と責任

## 1 SDGs達成の責任は誰が負うのか

### ●各国地域の政府に第一義的な責任がある

「2030アジェンダ」(☞2-①-3) には、「宣言」の部のトップに、

> 我々、国家元首、政府の長その他の代表は、国連が70周年を迎えるにあたり、2015年9月25日から27日までニューヨークの国連本部で会合し、今日、新たな地球規模の持続可能な開発目標を決定した。(1)

と明記しています。

　また、宣言の中程では「国家、民間セクターの役割」として、

> 我々は、それぞれの国が自国の経済・社会発展のための第一義的な責任を有するということを認識する。(41前段)

と記載しています。

　SDGsには法的な拘束力はないものの、各国政府には当事者意識を持って、17の目標の達成に向けた国内的枠組みを確立することが期待されているのです。日本では、内閣総理大臣を本部長とする「**SDGs推進本部**」(☞2-④-2) がその役割を担っています。

### ●ステークホルダーの協力が必須

「2030アジェンダ」は続けて、

> 我々は、小規模企業から多国籍企業、協同組合、市民社会組織や慈善団体等多岐にわたる民間部門が新アジェンダの実施における役割を有することを認知する。(41後段)

と付け加えています。

SDGsの目標は高く設定されており、政府だけで、その目標を達成できるものではありません。そこで、民間セクター、市民社会その他のステークホルダーが行動を起こすことが期待されているのです。中でも民間企業が環境と社会そして経済のSDGsの3側面に与えるインパクトは大きく、企業がサステナビリティとSDGsを戦略に組み込むことが求められる理由のひとつでもあります。

●SDGsの達成に向けた日本政府の11のステークホルダー

　図は「SDGs実施指針」（☞4-②-2）に掲載されている、SDGsの達成に向けた日本政府の11のステークホルダーを著者が図にまとめたものです。①の民間企業にとっても、個々の従業員やパートナーを加えればSDGsに関するステークホルダーを理解するのに有効です。そして図の下に示したように、あらゆる組織体は自然人により構成されているため、詰まるところ、私たち一人ひとりの意識と行動の変容が問われているのです。

**SDGs達成の責任主体である日本政府と「SDGs実施指針」の11のステークホルダー**

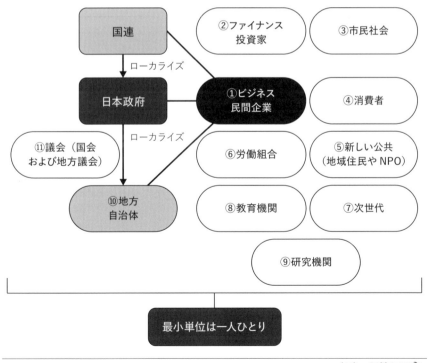

# **2** SDGsを推進するための国内の体制は

$Q$uiz#024　日本政府によるSDGsへの対応に関する記述として、誤っているのは次のうちどれでしょうか。

（A）内閣の下に「SDGs推進本部」が設置されている。

（B）SDGs推進のための中長期戦略である「SDGs実施指針」を策定し適時改訂している。

（C）日本政府は、毎年フォローアップ・レビューを実施し、国連に報告している。

---

### ●SDGs推進に向けた国内体制

SDGs推進に向けた国内体制の概略は、次のようになっています。

①**SDGs推進本部**：関係行政機関相互の緊密な連携を図り、SDGsを国内外で総合的かつ効果的に推進するために、内閣総理大臣を本部長、官房長官および外務大臣を副本部長、全閣僚を構成員として2016年5月に内閣に設置されました。

②**SDGs推進円卓会議**：2016年9月に設置。官民のパートナーシップを重視する観点から、民間セクター、NGO／NPO、有識者、国際機関、各種団体など広範なステークホルダーにより構成されています。

③**SDGs実施指針**：SDGs推進のための中長期戦略である「持続可能な開発目標（SDGs）実施指針」が2016年12月に決定され、ビジョン、実施原則と共に、8つの優先課題と具体的施策例が盛り込まれました。2019年には改訂版が発行されています。

④**SDGsアクションプラン**：全府省庁による具体的な施策を盛り込んだ「SDGsアクションプラン」が2017年12月から毎年策定されています。

⑤**Japan SDGs Action Platform**：民間企業をはじめとする実施団体の優

良事例を共有するプラットフォームが開設されています。

⑥**ジャパンSDGsアワード**：国内で実施されているSDGs達成のための取り組みを見える化し、より多くのステークホルダーの行動を促すためにSDGsに取り組む企業や団体等を表彰するもので、2017年より毎年実施されています。

●**広報・啓発活動としては一定の成果を上げた**

　日本政府が主導するSDGsの推進活動、特にメディアを取り込んだ広報・啓発活動について、国内のSDGsの認知度は、電通が実施した生活者調査（2022年1月実施）で86.0％に達するなど、成果を達成しているように見えます。

**日本政府の対応**

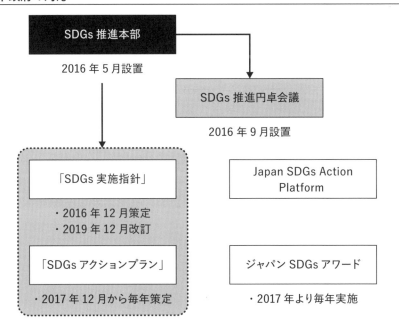

# **3** 地方自治体によるSDGs推進の現在

**Q**uiz#025　地方自治体のSDGs推進に関する記述として、誤っているのは次のうちどれでしょうか。

（A）「SDGs未来都市」には、100を超える自治体が選定されている。

（B）国際的な広がりを見せている「VLR（自発的自治体レビュー）」は日本が先駆けとなったアクティビティである。

（C）VLRの発行は「2030アジェンダ」に明記されている。

● **SDGsを原動力とした地方創生の推進**

日本政府の「VNR2021」(☞2-⑤-4）によれば、

> 現在、日本国内の地域においては、人口減少、地域経済の縮小等の課題を抱えており、地方自治体におけるSDGs達成へ向けた取組は、まさにこうした地域課題の解決に資するものであり、SDGsを原動力とした地方創生を推進することが期待されている。

と日本の重要課題である地方創生にSDGsを活用することの意義を明記しています。

● **日本政府による後押し**

日本政府は、地方自治体によるSDGs推進の重要性にかんがみて、次のような施策を展開しています。

① **「SDGs未来都市」** の選定：地域におけるSDGsモデル事例の普及展開を図ることを目的として、2018年よりSDGsの達成に向けて優れた取り組みを提案する自治体を「SDGs未来都市」（2021年度までの4回の選定で、計124都市）に選定。さらにその中から、先導的な自治体の取り組みとして毎年10事業が「自治体SDGsモデル事業」として選定されています。政府は、「SDGs未来都市」については、2024年度末までにSDGs

に取り組む自治体の割合を60％とする目標を掲げています。

② 「**地方創生SDGs官民連携プラットフォーム**」の設置：地方公共団体と地域課題の解決や地域経済の活性化に取り組む企業・NGO/NPO・大学・研究機関など、多様なステークホルダーとのパートナーシップを深める官民連携の場として2018年8月に設置。会員数は、2021年5月末現在で5423団体、うち地方公共団体は全都道府県・全政令指定都市を含む907団体（全地方公共団体の51.2％）が参画しています。

◉**VLRの広まり**

「**自発的自治体レビュー（VLR：Voluntary Local Review）**」は、自治体が自発的にSDGsの取り組み状況をレビューし、その結果をレポートとして国連に提出・公開する国際的な取り組みです。2018年に、日本の3都市（富山県富山市、北海道下川町、福岡県北九州市）とニューヨーク市からスタートしました。そして日本からは、2019年に静岡県浜松市、2021年に東京都、横浜市がVLRを公表しており、現在の公表自治体数（地方政府、市、町）は世界で100を超えるまで広がっています。

政府は、2019年に改定した「SDGs実施指針」で、VLRの積極的な実施を後押しすると明記しています。

## 国の支援策と自治体の対応

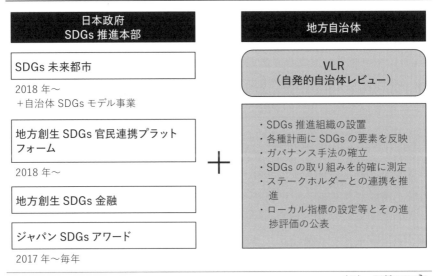

## 4 SDGsの達成責任は誰が持つか
達成主体と責任

## 4 なぜ企業がSDGs達成に取り組む必要があるのか

**Q**uiz#026　企業のSDGsの達成支援に関する記述として、誤っているのは次のうちどれでしょうか。

（A）コスト負担が増えるばかりで、メリットはほとんど期待できない。

（B）サステナビリティとSDGsへと舵を取るよう望んでいるステークホルダーとの良好な関係を築くことができる。

（C）中長期的に見て、実施しないことのリスクの大きさを考慮すべきである。

### ●企業活動の重要性

　グローバルなサプライチェーンを通じた企業活動は、SDGsの17の目標に負や正の多大なインパクトをもたらしています。それ故に、17の目標の達成には、国家、地方行政、NPOに加えて企業の理解と貢献が必須なものとなっています。

　「2030アジェンダ」(☞**2-①-3**) では、

> 我々は、小規模企業から多国籍企業、協同組合、市民社会組織や慈善団体等多岐にわたる民間部門が新アジェンダの実施における役割を有することを認知する。

としています。

　SDGsの目標は、「人間の生命を守る地球環境の維持と回復」という観点から非常に高く設定されており、実施主体としての各国政府だけで、その目標を達成できるものではありません。そこで、民間セクター、市民社会その他のステークホルダーが行動を起こすことが期待されています。

### ●ステークホルダーの関心とフレームワークの整備

　図に示したように、投資家のESG志向 (☞**4-③-4**)、一般市民の環境意

識の向上、従業員の人権意識の高まりなど、企業を取り巻くステークホルダーのSDGsに向けたムーブメントは高まりを見せています。またこの動きに伴って、各種フレームワークが整いつつあり、企業がSDGsを実践しやすい状況が整備されてきています。

### ●SDGsを企業戦略に組み込むメリット

　企業がSDGsを利用することのメリットとして、「SDG Compass」(☞5-①-5) は、次の5点を指摘しています。

①将来のビジネスチャンスの見極め

②企業の持続可能性に関わる価値の向上

③ステークホルダーとの関係強化

④社会と市場の安定化

⑤共通言語の使用と目的の共有

### SDGsへの企業の関与

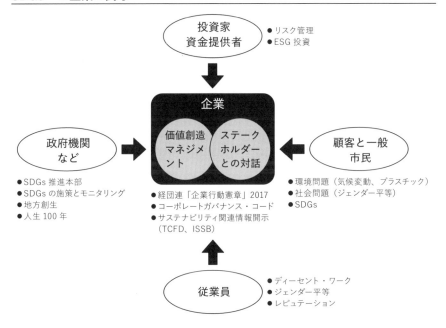

**4** SDGsの達成責任は誰が持つか
達成主体と責任

**5** ビジネスが重要視している
SDGsとは

$\mathbf{Q}$uiz#027　SDGsに対する企業の姿勢の記述について誤っているのは
　次のうちどれでしょうか。

（A）SDGsの性格である「不可分性」から、17のSDGsをすべて対象とす
　　るべきである。

（B）業種、規模、活動地域などによりビジネスが重視すべき目標・ター
　　ゲットは異なるべきである。

（C）限られた資源を有効に投入し、アウトカムやインパクトの最大化を
　　図るために、目標・ターゲットに優先順位を設定するべきである。

◉**企業のSDGsへの対処の仕方**

　世界有数のグローバル・ビジネスであっても、その活動は、広範囲に及
ぶSDGsの目標とターゲットのすべてに関わるとは限りません。そして、
自らが関わりのある目標をすべて対象とする必要はなく、ビジネスとして
期待されるインパクトを上げるためにも、また貴重な経営資源を割り当て
るにも、重要目標（とターゲット）に選択と集中による戦略的アプローチ
が欠かせないのです。

◉**企業が選んだSDGsの重要目標**

　表に示したビジネス上で重視される目標についてのアンケート結果は、
多くのSDGs先行企業が参加しているUNGCおよびその日本組織GCNJ（グ
ローバル・コンパクト・ネットワーク・ジャパン）の会員企業向けに実施
された調査に基づいています。アンケートで「重要視している」と回答さ
れた目標のトップ5を示しました。業種や地域、そして企業のSDGsに対
する関心の強さなどによってバラツキが生じることも忘れてはいけません。

　ビジネス上で重視されるSDGsは両組織共にほぼ共通しており、次のよ

うな特徴が見てとれます。

・ディーセント・ワーク（人間らしい生活を継続的に営める人間らしい労働条件）(☞3-③-2) など労働環境に関わるSDG 3（健康）、SDG 8（働き）
・気候危機とその要因と対策としてのサーキュラーエコノミーに関連して、SDG 7（エネルギー）、SDG12（責任）とSDG13（気候変動）
・SDG 5（ジェンダー）

を重視していることがわかります。

## アンケートに見るビジネスが重視するSDGs

| SDGs　　　　　　　　　　　　　　　　調査 | UNGC | | GCNJ | |
|---|---|---|---|---|
| | 2017調査<br>（重点目標） | 2021調査<br>（重点目標） | 2017調査<br>（重点目標） | 2021調査<br>（重点目標） |
| 1. 貧困をなくそう | | | | |
| 2. 飢餓をゼロに | | | | |
| 3. すべての人に健康と福祉を | 49% | 55% | 50% | 69% |
| 4. 質の高い教育をみんなに | | | | |
| 5. ジェンダー平等を実現しよう | 45% | 53% | 44% | |
| 6. 安全な水とトイレを世界中に | | | | |
| 7. エネルギーをみんなにそしてクリーンに | | | 46% | |
| 8. 働きがいも経済成長も | 49% | 65% | 60% | 75% |
| 9. 産業と技術革新の基盤をつくろう | 40% | | | 69% |
| 10.人や国の不平等をなくそう | | | | |
| 11.住み続けられるまちづくりを | | | | |
| 12.つくる責任つかう責任 | 42% | 54% | 51% | 75% |
| 13.気候変動に具体的な対策を | 39% | 54% | 63% | 76% |
| 14.海の豊かさを守ろう | | | | |
| 15.陸の豊かさも守ろう | | | | |
| 16.平和と公正をすべての人に | | | | |
| 17.パートナーシップで目標を達成しよう | | | | |

参照：＊GCNJ、IGES「未来につなげるSDGsとビジネス」2018
＊GCNJ、IGES「SDGs調査レポートVol.5：コロナ禍を克服するSDGsとビジネス」2021を参照し作表

**6** 中堅中小企業とSDGs

**Q**uiz#028　SDGsと中堅中小企業の関わりに関する記述として、誤っているのは次のうちどれでしょうか。

（A）体力のあるグローバルな大企業に限定され、中堅中小企業は対象外である。

（B）中堅中小企業が対象となっているSDGsのターゲットが複数存在している。

（C）株式公開企業などのサステナビリティ関連情報開示には、サプライチェーン上の中堅中小企業も対象となる。

● **グローバルな大企業が対象ではないのか**

日本政府の「VNR2021」(☞2-⑤-4) では、

> 企業数でみると99.7%を占める中小企業への更なる浸透が課題となっている。中小企業は、地域社会と経済を支える存在であり、SDGsへの取組を後押しすることが重要である

日本では、中堅中小企業は地域の社会と経済の活性化には欠かせない存在になっています。一方で中堅中小企業は、資金や人材などリソース上の制約を抱えています。

● **中堅中小企業を対象とするSDGsの目標とターゲット**

表に示したようにSDGsの目標とターゲットの中には、農業や漁業を含めて中堅中小企業を直接対象とするものが含まれています。また、第3章の第2節から第6節のSDGsの個別目標の解説の中で「企業が取れるアクション」で、必要に応じて、中堅中小企業との関係を付記しています。

● **サプライチェーンの上流、下流に位置する企業も含まれる**

グローバルな大規模企業を中心に、サプライチェーン全体をカバーした

サステナビリティ関連情報の開示が求められるようになっており、「TCFD提言」では、部材の調達先における温室効果ガスの排出量をスコープ3として報告することを求めるようになってきています。(☞6-③-2)

## 中堅中小企業とSDGs

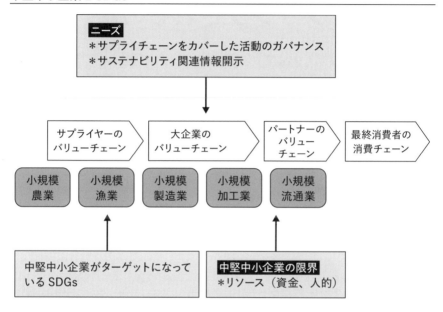

## 中堅中小企業が対象となっているSDGsのターゲット

| SDGs | ターゲット | 内容（著者による簡略版） |
|---|---|---|
| 2．飢餓をゼロに | 2.3 | 小規模食糧生産者の生産と所得の倍増 |
| 8．働きがいも経済成長も | 8.3 | 中小零細企業の設立や成長の奨励 |
| 9．産業と技術革新の基盤をつくろう | 9.3 | 小規模製造業者の金融サービスや市場へのアクセスの拡大 |
| 14．海の豊かさを守ろう | 14.6 | 過剰漁獲やIUU（違法・無報告・無規制）漁業につながる補助金の撤廃 |

**1** SDGsの達成度はどのように
モニタリングされるのか

$\mathbf{Q}$uiz#029　SDGsの達成度のモニタリングについて、正しい記述は次
のうちどれでしょうか。

（A）国連は、SDGs達成度の国別ランキングを毎年公表している。

（B）すべての国がSDGsのグローバル指標のデータを捕捉できるわけで
はない。

（C）すべての国は、国連に対してSDGsのグローバル指標のモニタリン
グ状況を毎年報告する義務がある。

●SDGsのモニタリング・システムの概要

「2030アジェンダ」（☞2-①-3）に、

> 次の15年に向けた目標とターゲットを実行する進歩に関し、各国政府
> が、国、地域、世界レベルでのフォローアップとレビューの第一義的な
> 責任を有する。(47)

とあるように、SDGsはグローバル指標を活用したモニタリング方式を
採用しています。国連システムの協力の下、グローバル指標の枠組みと各
国の統計・情報システムによって作成されたデータに基づいて、

①事務総長が毎年「**The Sustainable Development Goals Report**（持
続可能な開発目標報告書）」を公表する。

②各国政府は「**VNR（Voluntary National Review：自発的国家レ
ビュー）**」を任意で発行する。（日本は2017年と2021年に2回のVNRを
発行（☞2-⑤-2））

という取り組みが行なわれています。また、自発的にSDGsの取り組み
状況をレビューし、その結果をレポートとして国連に提出・公開する
「**VLR**」を任意で発行する地方自治体が世界そして日本で増め始めていま

す。(☞2-④-3)

## ●国別ランキングで参照されるSDSNによるレポート

SDSN（Sustainable Development Solutions Network：持続可能な開発ソリューションズ・ネットワーク）とベルテルスマン財団（Bertelsmann Stiftung）が毎年公表している「**Sustainable Development Report**」には、SDGsの達成状況の国別ランキングの情報が含まれています。

### SDGsのモニタリング

| レベル | レポート | コメント |
|---|---|---|
| 国連 | 「The Sustainable Development Goals Report（持続可能な開発目標報告書）」 | ●SDGsの世界レベルのフォローアップ。<br>●「2030アジェンダ」に規定されている。<br>●画像は「The Sustainable Development Goals Report2022」。 |
| 日本政府 | 「VNR（Voluntary National Review：自発的国家レビュー)」 | ●「2030アジェンダ」では各国政府は「VNR」を任意で発行することになっており、日本は2017年と2021年に発行している。<br>●画像は「2030アジェンダの履行に関する自発的国家レビュー2021」2021年。 |
| 地方自治体 | 「VLR（Voluntary Local Review：自発的自治体レビュー)」 | ●自治体が自発的にSDGsの取り組み状況をレビューし、その結果をレポートとして国連に提出・公開する国際的な取り組み。<br>●「2030アジェンダ」に規定されてはいない。<br>●画像は東京都の「Tokyo Sustainability Action」2021。 |
| SDSNとベルテルスマン財団 | 「Sustainable Development Report」 | ●各国のSDGsのパフォーマンスを評価し、毎年国別ランキングを公表。<br>●「2030アジェンダ」に規定されてはいない。<br>●画像は「Sustainable Development Report 2022」。 |

# **2** SDGsの国別達成度ランキングで日本の現在地を知る

**Q**uiz#030　SDGsの達成に向けた国別ランキングで、次に挙げる国の中で最もランキングが低い国はどこでしょうか。
（A）日本　　（B）米国　　（C）スウェーデン

## ●国別ランキングの情報源

「SDGs達成に向けた国別ランキングで日本は19位」というフレーズを耳にしたこともあると思います。この順位の出所は、SDSNとベルテルスマン財団が毎年公表している「Sustainable Development Report」です。

## ●マラソンに例えるとよい

同報告書2022年版の国別ランキングでは、フィンランドが86.5ポイントと163ヵ国中1位で、デンマーク（85.6）、スウェーデン（85.2）が続き、北欧3ヵ国が毎年上位を占めています。日本は79.6ポイントで19位（2021年は79.8で18位、2020年は79.1で17位）でした。上位の国々のスコアの差は僅差であり、あまり順位の変動に気を取られないことが重要です。図は、「Sustainable Development Report 2022」で初めて提示されたマトリックス図で、縦軸に「SDGsインデックス・スコア」、横軸に「SDGsスコアに対する政府のコミットメントと努力」が示されています。

この図は、15年間のSDGsマラソンの中間地点のレポートだと考えればわかりやすいでしょう。北欧3ヵ国がトップ集団を形成し、それを追う第2集団には欧州勢を中心に20ヵ国以上がひしめいています。その中で日本は19位と健闘しています。後続の中には、米国、ロシア、中国の姿が見えます。

モニタリング体制が不充分であるとの指摘はあるものの、日本政府のSDGsに対するコミットメントと努力は上位に位置しており、今後の成果が期待されます。

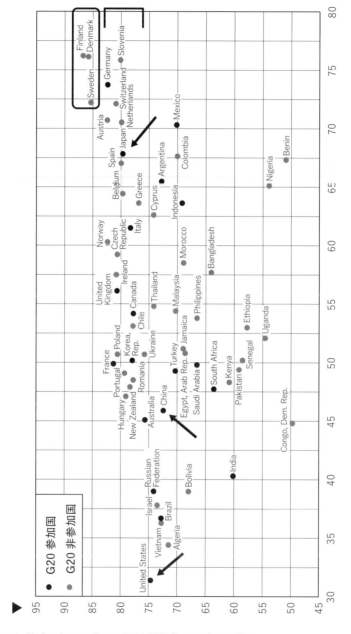

出典：「Sustainable Development Report 2022」SDSN他、2022年6月に付記

Quizの答え　（B）　注：「Sustainable Development Report 2022」（2022年6月発行）によ
れば、日本は19位、米国41位、スウェーデンが3位でした。

第2章　未来を照らす羅針盤　「SDGs」の基礎知識【理念と実態】　81

# 3 日本の目標別SDGsスコアを見てみよう

Quiz#031　日本のSDGsの目標別スコアに関する記述として、誤っているのは次のうちどれでしょうか。

（A）ジェンダー平等（SDG 5 ）を除き、日本の社会面のスコアは高い方である。

（B）日本の環境面のスコアは低く、改善スピードも速いとはいえない。

（C）日本は、ODA（政府開発援助）を含め、パートナーシップ（SDG17）では充分に貢献している。

### ●日本のSDGsの目標別スコア

　表は、SDSNとベルテルスマン財団の「Sustainable Development Report」の2022年版と2019年版による日本の個別目標別のデータを比較形式で示したものです。日本はランキングこそ、2019年版の15位から2022年版の19位へと落としてはいますが、ポイントは79.6と３年間で若干進捗が見られます。

　17の目標別に見てみると、表に示すように目標のSDG 4 （教育）とSDG 9 （産業）そしてSDG16（平和）が、現時点で目標を達成しているとの評価です。

　女性活躍に象徴されるSDG 5 （ジェンダー平等）に加えて、SDG12（責任）、SDG13（気候変動）やSDG14（海の豊かさ）、そしてSDG15（陸の豊かさ）といった環境関連の目標、並びにSDG17（パートナーシップ）に課題を抱えていることがわかります。

　トレンドは、「↑軌道維持もしくは、SDGs達成を維持している」が６件、そして「↗ 適度に改善している」が８件と８割を占め良好であるといえます。なお「情報がない」とされたSDG10（不平等）は、同レポートが

対象としている３件のインディケータに関するすべてのデータが捕捉できていないことが理由です。

## ●スコアを読み解く上での留意点

　スコアを読み解く際には、このレポートがスコアリングに用いている指標は、SDGsのグローバル指標（☞**2-①-5**）のすべてを網羅してはいない、ターゲット別には設定されていない、また入手可能性などに配慮して選定されたり代替指標も活用されている、ということを頭に入れておかなければなりません。そしてデータは３分の２が国連関連の公式データ、３分の１は研究機関や大学、NGOなどのデータを活用していることにも留意する必要があります。

## 日本の目標別SDGsスコア

| 日本<br>SDGs | 2022年版 | | | 2019年版 |
|---|---|---|---|---|
| | スコア | ダッシュ・ボード | トレンド | スコア |
| SDGsグローバルランク | 19 | — | — | 15 |
| インデックス・スコア（平均） | 79.6 | — | — | 78.9 |
| 1. 貧困をなくそう | 99.2 | ○ | ↑ | 99.0 |
| 2. 飢餓をゼロに | 75.3 | △ | ↗ | 68.0 |
| 3. すべての人に健康と福祉を | 94.8 | ○ | ↑ | 94.9 |
| 4. 質の高い教育をみんなに | 97.6 | ◎ | ↑ | 98.1 |
| 5. ジェンダー平等を実現しよう | 61.6 | × | ↗ | 58.5 |
| 6. 安全な水とトイレを世界中に | 85.9 | ○ | ↗ | 84.5 |
| 7. エネルギーをみんなにそしてクリーンに | 72.1 | △ | ↗ | 93.4 |
| 8. 働きがいも経済成長も | 86.8 | △ | ↑ | 88.5 |
| 9. 産業と技術革新の基盤をつくろう | 93.7 | ◎ | ↑ | 79.9 |
| 10.人や国の不平等をなくそう | 80.5 | △ | ・ | 76.8 |
| 11.住み続けられるまちづくりを | 86.9 | ○ | ↗ | 75.4 |
| 12.つくる責任つかう責任 | 67.3 | × | ↗ | 55.6 |
| 13.気候変動に具体的な対策を | 69.1 | × | ↗ | 90.4 |
| 14.海の豊かさを守ろう | 55.1 | × | → | 53.6 |
| 15.陸の豊かさも守ろう | 63.9 | × | → | 70.0 |
| 16.平和と公正をすべての人に | 90.4 | ◎ | ↑ | 90.3 |
| 17.パートナーシップで目標を達成しよう | 72.8 | × | ↗ | 64.9 |

参照：SDSN他「Sustainable Development Report」2022年および2019年

（凡例）ダッシュ・ボード：◎目標達成、○課題を残している、△重要（significant）な課題を残している、×重大な（major）な課題を残している

トレンド：↑軌道維持もしくは、SDGs達成を維持している、↗適度に改善している、→停滞している、↓減少している、・情報がない

Quizの答え（C）

# 4 日本政府のSDGs自己評価、「VNR2021」

**Q**uiz#032　SDGsの進捗に対するフォローアップに関する記述として、誤っているのは次のうちどれでしょうか。

（A）各国は毎年フォローアップ報告を行なうことが義務付けられている。

（B）日本は2017年と2021年にフォローアップ報告を実施している。

（C）日本の「VNR2021」では政府の報告に加えて、ステークホルダーの評価が付記された。

## ●VNR（自発的国家レビュー）

　SDGsは、指標を活用したモニタリング方式を採用しています。国連が毎年「グローバル持続可能性報告書」を公表し、各国政府は「**VNR（自発的国家レビュー）**」を任意で発行することになっています。

　SDSNとベルテルスマン財団の「Sustainable Development Report 2022」(☞2-⑤-1)によれば、2016年からの累計で187の国連加盟国がVNRを発行しており、その発行回数別の内訳は、すでに4回発行している国が2ヵ国、3回発行済みが13ヵ国、そして日本を含む2回発行が72ヵ国あります。1回のみの発行は100ヵ国となっています。

　日本は、1回目を2017年6月に、そして2021年6月に2回目のVNRを発行しています。それぞれの目次のハイライトを図にまとめてあります。

　目次の構成と目標の達成状況に関する記載やボリュームからもうかがえるように、2回目のVNRでは「6.（2）円卓会議民間構成員による進捗評価」として、ステークホルダーによる評価を併記するなど改善が見られます。

## ●SDGsのローカライズ

　日本の「VNR2021」では、

> SDGs推進本部はSDGs実施指針において、８つの優先課題を取組の柱と
> して掲げることとした。これらの優先課題は、SDGsの目標とターゲッ
> トのうち、日本として特に注力すべきものを示すべく、日本の文脈に即
> して再構成したものであり、全ての優先課題について国内実施の側面と
> 国際協力の側面の両面が含まれる。

としています。

このことから、日本政府による、SDGsのローカライズとは、「SDGs実
施指針」で示された「**８つの優先課題**」を意味しており、SDGsの目標とター
ゲットを直接カスタマイズしたものにはなっていないことがわかります。
この件については、次項で検討します。

## 日本の自発的国家レビュー（VNR）

| 第１回：2017 年版 | 第２回：2021 年版 |
|---|---|
| 「国連ハイレベル政治フォーラム報告書～日本の持続可能な開発目標（SDGs）の実施について」<br>2017 年６月（約 50 頁）  | 「2030 アジェンダの履行に関する自発的国家レビュー2021 ～ポスト・コロナ時代の SDGs 達成に向けて～」<br>2022 年６月（約 260 頁）  |

目次のハイライト
1. 要約
2. イントロダクション
3. 報告書の準備
4. 政策措置及び可能にする環境
   (1) 組織メカニズム
   (2) 国家枠組みへの SDGs の組入れ
   (3) SDGs のオーナーシップ醸成
   (4) SDGs に関連する優先課題の概要
      及び好事例
5. 次のステップ

目次のハイライト
1. 巻頭メッセージ
2. 要約
3. 報告書作成方法
4. SDGs 達成に向けたビジョン
5. 国内の SDGs 推進体制・主な取組
   (1) SDGs 推進に向けた国内体制
   (2) 国内普及の動き
   (3) ８つの優先課題と主な取組
      (55 頁)
6. 各目標の達成状況
   (1) 政府による進捗評価（42 頁）
   (2) 円卓会議民間構成員による進捗
      評価（13 頁）
7. 今後の進め方（3 頁）
   別添：SDG グローバル指標

Quizの答え（A）

## 5　日本のSDGs達成度
### モニタリング・システム

## 5　日本政府によるSDGsのローカライズの現状

**Q**uiz#033　日本政府によるSDGsのローカライズに関する記述として、誤っているのは次のうちどれでしょうか。

（A）日本は、グローバル指標のデータをすべて捕捉できている。

（B）日本では、国レベルでローカライズされたSDGsのターゲットと指標は未だ開発されていない。

（C）ステークホルダーからは、日本は目標設定、データの捕捉そしてモニタリングが不充分であるとの指摘がなされている。

### ●日本政府によるモニタリングの現状

「VNR2021」(☞2-⑤-4) によれば、

> 政府はSDGsのグローバル指標に関する日本の達成状況のデータを公表した。現時点で公開しているのは、全247指標のうち55.9%となる138指標であり（2021年4月現在）、更に7指標の公開を予定している。

とあり、日本でデータが捕捉できているグローバル指標は、およそ60%に過ぎないことがわかります。

### ●日本政府によるSDGsのローカライズ

「2030アジェンダ」(☞2-①-3) には、SDGsのローカライズについて、以下のような記載があります。

> 目標とターゲットは、グローバルな指標によってフォローアップされる。これらは、国レベルや全世界レベルでのベースライン・データの欠如を埋める取組とともに、各国や地域レベルで策定される指標によって補完されるものである。(75)

著者は日本の国レベルのローカライズについて、「VNR2021」の内容から判断すると、次のような状況にあると考えています。

- 日本政府は「SDGs実施指針」で設定された8つの優先課題をローカライズと位置付けており、SDGsの目標、ターゲットそして指標に対しては日本としてローカライズ（またはカスタマイズ）したものは存在していない。またベースラインの確認や目標設定もされていない。
- 「VNR2021」の巻末に掲載された「別添：SDGグローバル指標」には捕捉できている指標の実績報告はあるものの、目標との比較は報告されていない。
- したがって、地方自治体や民間企業が自組織のSDGsの達成へのインパクト・エリアを判断し、モニタリングするために参照し、展開（カスケード）する元になる国レベルの情報が存在しないままの状況にある。

●**円卓会議民間構成員による提言**

「VNR2021」に掲載されている円卓会議民間構成員による課題と変革に向けた提言の中でも、「日本のSDGs達成に向けた総体的で客観的な目標、科学に基づくターゲットや指標の整備が重要になるが、現状遅れている」との鋭い指摘がなされています。

**日本政府によるSDGsのローカリゼーション**

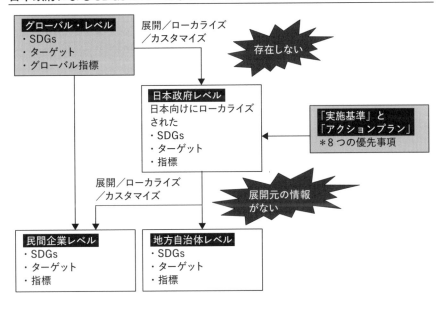

## Column

　SDGの背景と本質を理解する近道は、「2030アジェンダ」の前文と宣言を熟読することです。

※〈　〉内は著者が付記したコメントです。また、番号は「2030アジェンダ」の項番号です。

### 我々のビジョン〈野心的なビジョン〉

> 　7．これらの目標とターゲットにおいて、我々は最高に野心的かつ変革的なビジョンを設定している。

### 新アジェンダ〈サステナブル・ディベロプメントと平和の関係〉

> 35．持続可能な開発は、平和と安全なくしては実現できない。同時に、平和と安全は、持続可能な開発なくしては危機に瀕するだろう。

### フォローアップとレビュー〈KPIの重要性〉

> 48．指標は、こうした（フォローアップ）活動を支援するために整備される。誰一人も取り残さないよう進捗を測定するためには、高品質で、アクセス可能、時宜を得た細分化されたデータが必要である。

### 我々の世界を変える行動の呼びかけ〈最後の世代〉

> 50．（前略）我々は、貧困を終わらせることに成功する最初の世代になり得る。同様に、地球を救う機会を持つ最後の世代にもなるかも知れない。我々がこの目的に成功するのであれば2030年の世界はよりよい場所になるであろう。

## 第3章

# 「SDGs」を読み解く
## ターゲットMap
## 【個別目標】

# 1 169のターゲットの見方
## 詳細目標と達成手段

# 1 17の「SDGs」をさらに細かく見ていく

**Quiz#034** SDGsの169のターゲットに関する記述として、誤っているのは次のうちどれでしょうか。

（A）SDGsのターゲットには詳細目標と達成手段の２つのタイプがある。

（B）ターゲットの目標期限は、すべてSDGsのゴール年である2030年に設定されている。

（C）SDG17のターゲットは他の16のSDGsに共通する達成手段である。

● **ターゲットには２つのパターンがある**

17のSDGsには、詳細目標として合計169のターゲットが設定されています。そして、表の左にある「（A）SDG別ターゲットタイプの件数」に示したように、このターゲットの中には、「1.1」のように数字が付番された**"狭義の"ターゲット**（Target：詳細目標）が107項目、そして「1.a」のようにアルファベットが付番された**ミーンズ**（Means：達成手段）が62項目と、２つのタイプが存在します。

個々のSDGのターゲットの中の達成手段は、例えばSDG３（健康）に含まれるターゲット3.a（たばこ規制の強化）のように、それが含まれる個々のSDGに関わるものが一般的です。(☞3-②-3)

表（A）の最終行に示したSDG17（パートナーシップ）に注目してみてください。SDG17のターゲットはすべてが、他の16のSDGsの達成を支援する達成手段になっています。

● **ターゲットの期限は2030年だけではない**

「2030アジェンダ」に掲載されているSDGsは「2030年の未来」というイメージが浸透し、定着していますが、ターゲットに明示されている目標期限を確認すると、表（B）に示したように、2030年を期限に設定してい

る144件の他に、それより早期の2017年（１件）、2020年（21件）、そして2025年（３件）とするターゲットが合計で25件、ターゲット総数の約15％も設定されていることに気付きます。

　中でも、SDG14（海の豊かさを守ろう）のターゲットは10件中の５件が、そしてSDG15（陸の豊かさも守ろう）のターゲットも12件中の５件が早期に期限設定されており、他のSDGsと比較しても突出して多いことから、その緊急度の高さが理解できます。

　これは、「プラネタリーバウンダリー」において、「生物多様性の損失」が不可逆的変化の起こる危険性が高いと警告されていることとも符合します。（☞1-①-1）

　また、SDGsの169件のターゲットのうち、43件を占めるミーンズ（達成手段）で、目標達成期限が早期に設定されたものは５件であり、多くはないこともわかります。

## ターゲットのタイプと期限

### （A）SDG別ターゲットタイプの件数

| | SDGs短縮形<br>（SDGsアイコン上の表記） | ターゲット 詳細目標 | ターゲット 達成手段 |
|---|---|---|---|
| 1 | 貧困をなくそう | 5 | 2 |
| 2 | 飢餓をゼロに | 5 | 3 |
| 3 | すべての人に健康と福祉を | 9 | 4 |
| 4 | 質の高い教育をみんなに | 7 | 3 |
| 5 | ジェンダー平等を実現しよう | 6 | 3 |
| 6 | 安全な水とトイレを世界中に | 6 | 2 |
| 7 | エネルギーをみんなにそしてクリーンに | 3 | 2 |
| 8 | 働きがいも経済成長も | 10 | 2 |
| 9 | 産業と技術革新の基盤をつくろう | 5 | 3 |
| 10 | 人や国の不平等をなくそう | 7 | 3 |
| 11 | 住み続けられるまちづくりを | 7 | 3 |
| 12 | つくる責任つかう責任 | 8 | 3 |
| 13 | 気候変動に具体的な対策を | 3 | 2 |
| 14 | 海の豊かさを守ろう | 7 | 3 |
| 15 | 陸の豊かさも守ろう | 9 | 3 |
| 16 | 平和と公正をすべての人に | 10 | 2 |
| 17 | パートナーシップで目標を達成しよう | | 19 |
| | 合計 | 107 | 62 |

### （B）ターゲットの2030年以前の目標期限

| SDGs | ターゲットの目標期限 2017年 | ターゲットの目標期限 2020年 | ターゲットの目標期限 2025年 |
|---|---|---|---|
| 2 （飢餓） | | 2.5 | 2.2 |
| 3 （健康） | | 3.6 | |
| 4 （教育） | | 4.b | |
| 6 （水） | | 6.6 | |
| 8 （働きがい） | | 8.6<br>8.b | 8.7 |
| 9 （産業） | | 9.c | |
| 11 （まち） | | 11.b | |
| 12 （責任） | | 12.4 | |
| 13 （気候変動） | | 13.a | |
| 14 （海） | | 14.2<br>14.4<br>14.5<br>14.6 | 14.1 |
| 15 （陸） | | 15.1<br>15.2<br>15.5<br>15.8<br>15.9 | |
| 17 （パートナー） | 17.8 | 17.11<br>17.18 | |
| 合計 | 1件 | 21件 | 3件 |

（B）Quizの答え

# **2** 169のターゲットを目で見て理解する

**Q**uiz#035　SDGsのターゲットの特徴に関する記述として、誤っているのは次のうちどれでしょうか。

（A）ターゲットは箇条書きでそれぞれが独立しており、相互関係は存在しない。

（B）ターゲットはある程度テーマごとにグルーピングすることができる。

（C）ターゲットはグルーピングし相互関係も考慮して図示することができる。

---

### ●箇条書きのターゲットを構造化した「ターゲットMap」

図の左側にSDG 1（貧困）のすべてのターゲットを掲載してありますが、SDGsのターゲットは、箇条書きで169件もあるため、始めから目を通したり、後で確認するのにも時間がかかります。

そこで著者は、一目でわかり、全体の構成と細部の関係の理解にも役立つ「図」の持つ特徴を生かした構成図を作成し、「**ターゲットMap**」と名付けました。

ターゲットの文章については、図に収まるように著者の判断で簡略化してあるため、「2030アジェンダ」の「3．持続可能な開発目標」に掲載されているフルの文言（できれば、グローバル指標）でその内容を確認するよう心掛けてください。

### ●「ターゲットMap」の見方

「ターゲットMap」は、著者が各SDGのターゲットを「2030アジェンダ」と「SDGsとは？　17の目標ごとの説明、事実と数字」（国連広報センター、2018年）他を参照して構成図の形にし、必要な見出しやコメントを付したものです。

ターゲットの2つのタイプ（☞3-①-1）については、番号が「1.1」のように数字が付番されている"狭義"のターゲット／詳細目標については角の取れた四角形で、また「1.a」のように付番されているミーンズ／達成手段については矢印で表現してあります。なおSDG17については、数字で付番されてはいますが、すべてのターゲットが達成手段であるため、「ターゲットMap」上では矢印で表現してあります。

● 「ターゲットMap」の活用法

　思い当たるビジネス上の課題やプロジェクトが、SDGsのどの目標に関わるか確認するケースを考えてみましょう。まず、SDGsの17の「アイコン」（☞2-①-1）で当たりを付けて、次に該当すると思われるSDGの「ターゲットMap」上に該当するターゲットがあるか否かを確認するというステップを踏むことをお勧めします。

　個別のSDGごとの「ターゲットMap」は本章の第2節から第6節に掲載すると共に、簡単な解説を付けてあります。

### 「ターゲットMap」のイメージ　（SDG 1の例）

#### （A）SDG1（貧困）のターゲット本文

目標1．あらゆる場所のあらゆる形態の貧困を終わらせる

1.1　2030年までに、現在1日1.25ドル未満で生活する人々と定義されている極度の貧困をあらゆる場所で終わらせる。

1.2　2030年までに、各国定義によるあらゆる次元の貧困状態にある、すべての年齢の男性、女性、子供の割合を半減させる。

1.3　各国において最低限の基準を含む適切な社会保護制度および対策を実施し、2030年までに貧困層および脆弱層に対し充分な保護を達成する。

1.4　2030年までに、貧困層および脆弱層をはじめ、すべての男性および女性が、基礎的サービスへのアクセス、土地およびその他の形態の財産に対する所有権と管理権限、相続財産、天然資源、適切な新技術、マイクロファイナンスを含む金融サービスに加え、経済的資源についても平等な権利を持つことができるように確保する。

1.5　2030年までに、貧困層や脆弱な状況にある人々の強靱性（レジリエンス）を構築し、気候変動に関連する極端な気象現象やその他の経済、社会、環境的ショックや災害に暴露や脆弱性を軽減する。

1.a　あらゆる次元での貧困を終わらせるための計画や政策を実施するべく、後発開発途上国をはじめとする開発途上国に対して適切かつ予測可能な手段を講じるため、開発協力の強化などを通じて、さまざまな供給源からの相当量の資源の動員を確保する。

1.b　貧困撲滅のための行動への投資拡大を支援するため、国、地域および国際レベルで、貧困層やジェンダーに配慮した開発戦略に基づいた適正な政策的枠組みを構築する。

#### （B）SDG1（貧困）の「ターゲットMap」

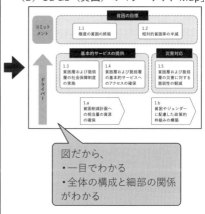

図だから、
・一目でわかる
・全体の構成と細部の関係がわかる

SDGsのターゲットの本文は、箇条書きで件数も多く、確認するのに一苦労する

## 3 SDGs達成に向けた ビジネスアクション

**Q**uiz#036　企業がSDGsの達成を支援するには、戦略的なビジネスアクションの策定と実行が不可欠です。ビジネスアクションに関する記述として、誤っているのは次のうちどれでしょうか。

（A）狙ったSDGsやターゲット以外にも正のインパクトを与えることがある。

（B）狙ったSDGsやターゲット以外に負のインパクトを与えることはあり得ない。

（C）プロジェクト・マネジメントを実施することが有効である。

---

### ●SDGs・ターゲットとビジネスアクションの関係

　一般にSDGsの事例として紹介されるケースの多くは、本書でいうところの「**ビジネスアクション**」に相当するものです。SDGsアイコンにある短縮形の文章（スローガン）に関係するからというだけで、メディアなどに取り上げられるケースも散見されます。SDGsがより詳細なターゲットに対して期限を区切った目標であることを考えれば、どのSDGの、どのターゲットの達成に貢献するものなのか、そのインパクトはどのくらい期待できるのかを明確にすることが肝要です。

　SDGsの特徴として17の目標は相互に関係しており、総合的に取り組むことで、効果を高めることができるとされています。一方で、狙った以外のSDGsやターゲットにプラスのみではなく、負のインパクト（影響）を与えることもあり、「SDGsウォッシュ」に陥らないように注意する必要があります。(☞2-③-1)

### ●ビジネスアクションの類型

　企業がSDGsの達成を支援する場合、日常業務の改善を通した対応もあ

りますが、サステナビリティ戦略として重要なインパクトを与えるためには、プロジェクトを設けて戦略的予算を必要とする場合も多くあります。

　そこで、ビジネスアクションを検討する時に活用できる有効なフレームワークが、第4章で紹介する**CSV**（共通価値の創造）が生み出される3つの領域（☞**4-③-3**）です。

①SDGsに貢献する「**新製品／サービスの開発**」が真っ先に頭に浮かぶ領域でしょう。

②企業活動は環境と社会にインパクトを与えているため、「**バリューチェーン／サプライチェーンの改善・改革**」によってSDGsに貢献することが可能です。これには、第5章で紹介する「**バリューチェーン・マップ**」（☞**5-②-1**）を活用してビジネス活動のSDGsへのインパクトをマッピングすることが有効です。

③対象をサプライチェーンに限定することなく、ビジネスが拠点を置く地域の教育、健康など、「**地域エコシステム（生態系）の構築**」にも配慮することも必要です。

※本章の第2節以降で各SDGsの解説で紹介しているビジネスアクションは、UNGC「Blueprint for Business Leadership on the SDGs」(2017) 他を参照しています。

## SDGs・ターゲットとビジネスアクションの関係

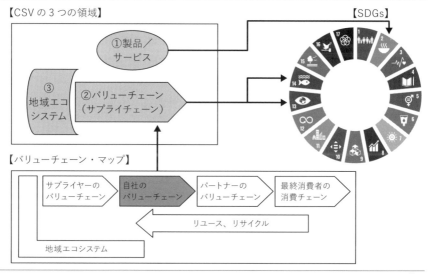

# 1 SDG 1：貧困をなくそう

**Q**uiz#037　SDGsでは、MDGsが対象としていた「絶対的貧困」に加えて「相対的貧困」が追加されています。「相対的貧困」の定義として、正しいものは次のうちどれでしょうか。

（A）世界の所得の中央値に満たない状態。

（B）国民全体の所得の中央値に満たない状態。

（C）国民全体の所得の中央値の半分に満たない状態。

● **ここを押さえておこう**

　SDGsの前身である2000年の「国連ミレニアムサミット」で採択されたMDGs（Millennium Development Goals：ミレニアム開発目標）（☞2-①-2）で第一優先目標であったこの「貧困への対応」は、SDGsでも引き続きSDG 1に位置付けられています。

　ここでの**「極度の貧困」**とは世界銀行が定めた国際貧困ラインとされる「1日当たり1.9ドル未満の所得・消費水準に満たない状態」を指しています。これは、南アジアとサハラ以南のアフリカ（サブサハラ）の2つの地域に居住する人々に集中する傾向があります。

　この極度の貧困については、切実な課題であるといわれても実感が持てないというのが日本に住む人々の大方の意見ではないでしょうか。

　ただし、SDG 1で取り上げられている「国民全体の所得の中央値の半分に満たない状態」を指す**「相対的貧困」**は日本にも存在しているのです。一人親世帯、とりわけ母子家庭への支援が重要課題となっています。

　日本政府も、すべての子供たちが自らの可能性を信じて将来の夢に挑戦できる社会の実現を目指して、子供の貧困対策を推進しています。

　この貧困はSDGsで体系化された多くのグローバル課題の主要な要因で

あり、飢餓や栄養不良（SDG2）、教育その他基本的サービスへのアクセスの制限（SDG3とSDG4）、社会的差別と排除や意思決定への不参加（SDG5）などの形で表面化してきます。

●**ターゲットを深読みする**

　「ターゲットMap」を見てみましょう。SDG1「**貧困をなくそう**」の7つのターゲットは、コミットメントとそれを実現するためのドライバー（作用因）から構成されていることがわかります。

①コミットメントとしては、すでに示したようにMDGsの「ターゲット1.A」の対象であった「極度の貧困の終結」がSDG1の「ターゲット1.1」として残り、先進国も対象とするSDGsでは、「相対的な貧困率の半減」（ターゲット1.2）が新たに設けられています。

②これらの目標を達成するためのドライバーとしては、「**基本的サービスの提供**」と「**災害対応**」があり、前者では社会保障制度やサービスへのアクセスが取り上げられています。さらにはひとたび災害に遭遇すると、被災者は一挙に貧困状態に陥るリスクが高く、自然災害の多く発生

**SDG 1「貧困をなくそう」ターゲット Map**

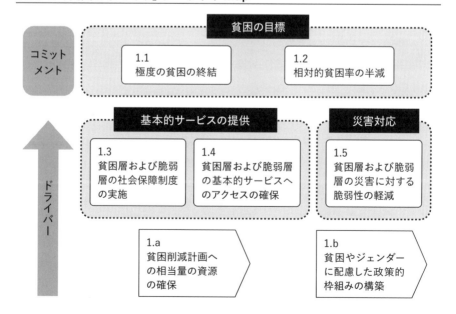

する日本では、後者に関して地震、津波、洪水などへのレジリエンス（強靭性）向上が急務となっています。（☞4-①-3）

ターゲット1.5（貧困層および脆弱層の災害に対する脆弱性の軽減）のグローバル指標には、「仙台防災枠組み2015〜2030」に沿った防災戦略の採択が設定されています。

●企業が取れるアクション

表に示したように、貧困への対応は、脆弱なグループをターゲットとした新サービスの開発や、サプライチェーン上のすべての従業員に一定水準の仕事環境を確保することなどが考えられます。

## SDG 1「貧困をなくそう」の達成に向けたビジネスアクション

| CSV領域 | ビジネスアクション | ケース |
|---|---|---|
| 新製品・サービスの開発 | ☑特に脆弱なグループのニーズを満たし、生活の向上を狙った製品やサービスを創造し流通させる。 | ・バングラディシュの銀行のない地域社会を対象に、マイクロローンとモバイルバンキングのアプリケーションを開発。（銀行）<br>・難民が安全な住まいを見つけられるプラットフォームを開発、無償提供し、差別に対する擁護を実施。（不動産会社）<br>・西アフリカの灯油で生活する地方の世帯向けに、より健康でサステナブルなソーラホームシステムを使用した分だけを支払う形態で提供。（電力会社） |
| バリューチェーン／サプライチェーンの改善・改革 | ☑自社ビジネス並びにサプライチェーンのすべての従業員に一定水準の仕事環境を確保する。 | ・エシカルで責任ある調達のフレームワークを構築し、原材料が追跡可能で、認証を受け規則を順守した供給先から調達。（国際的食品会社）<br>・サプライチェーンを詳細に棚卸しし、児童労働や労働者からの搾取に対してアクションを起こす。（消費材企業） |
| | ☑最も開発が遅れている国や脆弱なグループに対する、保障された一定水準の仕事の創出に関与する。 | ・原材料の多くを発展途上国の小規模農家から調達し、地元の雇用を後押しすることをコミット。（国際的食品会社）<br>・貧困地域の地元起業家を支援するイノベーション・ファンドを設立。（化学会社）<br>・視覚障害者の雇用機会を増やすために目が見える人とライブビデオでつなぐアプリケーションを開発。（IT企業） |
| エコシステムの構築 | ☑不利な立場に置かれているグループに能力を与える経済的なプログラムを導入する。 | ・農家の所得を向上させる方法を調査するシンクタンクを開設し、解決策の導入や、学びを共有しての実践の促進。（チョコレート会社） |

# 2 SDG 2：飢餓をゼロに

$\mathbf{Q}$uiz#038　SDG 2がカバーする範囲は、次のうちどれでしょうか。

（A）飢餓の撲滅にフォーカスしている。

（B）飢餓の撲滅に加えて栄養不良の解消を含めた需要サイドにフォーカスしている。

（C）需要サイドと持続可能な農業の供給サイドとの需給バランスまでをカバーしている。

## ●ここを押さえておこう

　現時点で、世界で空腹を抱える人々は 8 億1500万人いるとされています。さらに、2050年までに世界の人口は20億人増加すると見込まれ、食料を確保するためには、グローバルな食料と農業のシステムを抜本的に変える必要があるとされています。

　この飢餓問題については、飢餓という需要サイドのみではなく、食料の供給サイドを含めた需給バランスとして捉える発想が重要です。

　日本の進捗状況は良いとはいえません。その要因としては、農林水産業の生産性向上など、SDG 2 の供給サイドのターゲットに課題を抱えていることがあります。また、需要と供給の双方にまたがる課題として、SDG12（つくる責任つかう責任）でも対象となっている食品ロス問題を抱えています。

## ●ターゲットを深読みする

　「ターゲットMap」を見てみましょう。SDG 2「**飢餓をゼロに**」の 8 つのターゲットは、世界には飢餓が存在している一方で、肥満や大量の食品ロスの発生も存在しているとの認識から、食品の需要と供給のバランスをとることで飢餓に対処しようという構造になっていることがわかります。

したがってSDG 2 の達成には、SDG12（つくる責任つかう責任）との相互関係が重要です。

①食料の需要サイドである「**飢餓の終了と栄養の改善**」については、MDG 1 の「ターゲット1.C」が対象としていた「飢餓の撲滅」（SDG 2 では「ターゲット2.1」）に加えて、あらゆる形態の栄養不良の解消が加わっています。

　日本では生活困窮家庭の子供を対象として「こども食堂」等の活動が活発になっています。

②供給サイドを見てみると、「**持続可能な農業の促進**」として小規模農家の生産性の向上や農業のレジリエンス（強靱性）の向上などが具体的なターゲットとして挙げられています。

　ターゲットMapの下部に示すように、農産物の貿易を含むマーケットの適正化のための達成手段も重要になります。

## SDG 2 「飢餓をゼロに」ターゲット Map

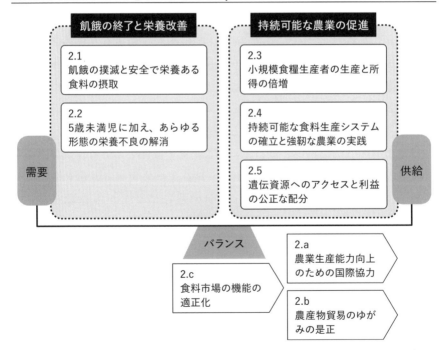

## ●企業が取れるアクション

　表に示したように、供給サイドの農林水産業が適切に機能すれば、すべての人に栄養豊富な食料を提供し、適正な所得を創出しながら、人間中心の農業開発と環境を守ることに貢献できます。食品ロスに貢献する新製品やサービスの開発や業務の改革に取り組むことなども考えられます。

　SDG 2 に関するアクションを取る場合、水に依存した灌漑技術や化学肥料の使用が、水資源（SDG 6）にストレスを与え、温室効果ガスの放出（SDG13）や、化学肥料の水資源への浸透（SDG14）につながるリスクが存在することを忘れてはいけません。そして糖質の高い食品が、慢性病（SDG 3）につながることや、農業従事者の虐待（SDG 8）リスクにも留意する必要があります。

## SDG 2 「飢餓をゼロに」の達成に向けたビジネスアクション

| CSV領域 | ビジネスアクション | ケース |
|---|---|---|
| 新製品・サービスの開発 | ☑自社が業務を行なう周辺のすべてのコミュニティにおいて、栄養不良と飢餓を終わらせることに貢献するため、食品の製造、流通そして小売を変革する。 | ・栄養不足の人々を対象に、栄養とビタミンを提供する栄養強化穀粒を開発。（食品製造会社）<br>・栄養不足状態にある地域の幼児と児童を対象に、すぐ使用できる健康食品を開発。（農業製品会社） |
| バリューチェーン／サプライチェーンの改善・改革 | ☑特に、最も開発が遅れている国や脆弱な住民に対して、確実で働きがいのある人間らしい仕事（ディーセント・ワーク）を生み出すことに参画する。 | ・小規模農家と長期契約を結び、生産者と直接関係を持ち、サステナブル農業に向けた能力構築と固定価格によってディーセント・ワークを保障。（フルーツ企業）<br>・開発途上国の農家の生産性と持続可能性を支援するため、栽培調査の著作権を共有。（コーヒー小売） |
| | ☑食品の無駄とロスの削減に向けて働きかける。 | ・形が悪い農産物を割引価格で販売し、食品ロスの削減と飢餓に対応。（農産物店）<br>・食品ロスを削減するため、品質の高い売れ残り品をモバイル・アプリケーション経由で低価格で提供。（レストランと食品雑貨店）<br>・食品配送網を拡大するため、冷凍保存を必要としない防腐処理機能と生物分解性のあるパッケージを活用。（食品配給会社） |

Quizの答え（C）

# 3 SDG 3：すべての人に 健康と福祉を

**Q**uiz#039　SDGsの中で、「道路交通事故による死傷者」をターゲット
として取り上げているのは、次のうちどれでしょうか。

（A）SDG 3（すべての人に健康と福祉を）

（B）SDG 9（産業と技術革新の基盤をつくろう）

（C）SDG11（住み続けられるまちづくりを）

---

●ここを押さえておこう

　健康に関する課題についても、経済的、社会的弱者に偏重する傾向があ
ります。地域としては、サハラ以南のアフリカ（サブサハラ）と南アジア
に集中しており、SDG 1（貧困）の課題が、SDG 3（健康）とSDG 4（教
育）達成の大きな障害となっていることがわかります。

　SDG 3「**すべての人に健康と福祉を**」について、日本の進捗状況は良
好です。とはいえ日本は、少子高齢化、人生100年時代など、SDG 3のター
ゲットの対象には挙げられていないローカルな重要な課題を抱えていま
す。

　また、クイズで取り上げた「自動車事故による死傷者」はSDG 3のター
ゲット3.6で取り上げられていますが、近年、高齢ドライバーによる事故
が増加傾向にあり社会問題となっています。自動車産業、ICT（情報通信
技術）産業によるドライバーアシスト機能の提供に加えて、代替手段とし
ての公共交通機関の充実が期待されます。

　日本政府は、次のような施策を推進しています。

①国内の取り組みとして、健康・医療・介護分野におけるICTやデータの
　利活用を推進させる「データヘルス改革」、そして企業等が従業員の健
　康保持・増進に取り組む「健康経営」の推進

②国際的な取り組みとして、**ユニバーサル・ヘルス・カバレッジ**（UHC：すべての人が、適切な健康管理、予防、治療、機能回復に関するサービスを、支払い可能な費用で受けられること）の推進のための国際協力

● **ターゲットを深読みする**

「ターゲットMap」を見てみましょう。SDG 3 の13のターゲットは「健康生活の確保」と「福祉の促進」から構成されていることがわかります。

① **「健康生活の確保」** として、「誰一人取り残さない」という理念から、妊産婦や新生児に注目し、疾病として感染症と非感染症を取り上げています。また交通事故や大気汚染なども取り上げられています。

② **「福祉の促進」** としては、「ターゲット3.7」で性と生殖サービスへのアクセスを取り上げています。これはプラネタリーバウンダリーの根本的な要因である「人口問題」に対応する最重要課題でもあります。（☞1-①-3）また、UHCの達成を目標として掲げています。

「新型コロナウイルス感染症」を取り上げて、SDG 3 でどのようなターゲットが設定されているかを確認してみましょう。

## SDG 3 「すべての人に健康と福祉を」ターゲット Map

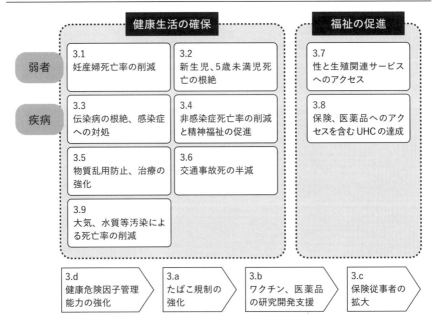

ターゲット3.3（感染病への対処）とターゲット3.8（ユニバーサル・ヘルス・カバレッジ）が、そして達成手段のターゲット3.b（ワクチン、医薬品の研究開発支援）が設定されていることが確認できます。

●**企業が取れるアクション**

表に示したように、健康上の成果の向上を目的とした新サービスの開発や、サプライチェーンの従業員の健康を確保することなどが考えられます。

砂糖、たばこ、そしてアルコールの摂取の削減が求められていますが、その移行の過程で、農業と食品製造の経済成長に対して短期的には負のインパクトを与える可能性があることに留意する必要があります。

中堅中小企業はヘルスケア提供者にもなっています。厳格な規定への準拠や、専門知識を持つ人材を確保するための資源が不足しているという課題を抱えており、これらへの対応が望まれます。

## SDG 3 「すべての人に健康と福祉を」の達成に向けたビジネスアクション

| CSV領域 | ビジネスアクション | ケース |
|---|---|---|
| 新製品・サービスの開発 | ☑健康上の成果の向上を目的として、製品、サービスとビジネスモデルを調査、開発し展開する。 | ・低所得層が入手しやすい価格で最先端技術を活用した義肢を開発。（医療機器メーカー） |
| バリューチェーン／サプライチェーンの改善・改革 | ☑自社並びにサプライチェーンの従業員および周辺のコミュニティに対して、可能な最良の健康上の成果を確保する。 | ・従業員に対して無償のメンタル・ヘルス・サービスを提供。（コンサルティング会社）<br>・主要な業者に対して、その製造プロセスに作業者の健康プログラムを組み込むよう要請。（衣類メーカー） |
| エコシステムの構築 | ☑健康的な習慣を促進し、医療へのアクセスを改善するマルチ・ステークホルダー・イニシアチブをリードする。 | ・UNICEF（国連児童基金）や地方政府と組んで、市民が最寄りの公的病院を識別し、医師そして特に緊急時には救命士と通信可能な、フリー・アプリケーションを開発。（国際的な通信会社）<br>・発展途上国の妊産婦と新生児の健康を改善する新たな医薬品とサービスの提供モデルを、同業、関係セクターおよび国の健康管理組合と組んで開発。（製薬会社） |

Quizの答え ……（A）「〔健康寄与達率による死傷者〕」はSDG 3 のターゲット3.6で取り上げられています。

# SDG 4：質の高い教育を みんなに

**Q**uiz#040　持続可能な開発のための教育（ESD）に関する記述として、誤っているのは次のうちどれでしょうか。

（A）最近中高入試に出題されるようになったSDGs関連問題への対策学習。

（B）日本の小・中・高等学校の学習指導要領にも掲げられている教育。

（C）「持続可能な社会の創り手」を育てる教育。

---

### ●ここを押さえておこう

すべての人々が、**ESD（Education for Sustainable Development：持続可能な開発のための教育）**を含めて、質の高い教育の機会を得ることは、持続可能な開発を生み出すための基盤といえます。

開発途上国の初等教育就学率が91％に達したとはいっても、そういった地域では、未だ5700万人の子供が学校に通えていないという現実があります。この問題は、特に紛争地域において顕著に表われています。SDGsの価値観である「誰一人取り残さない」ために、次のステージへと展開する必要があるのです。（数値は、国連広報センター、2018年）

SDG 4 **「質の高い教育をみんなに」**は、人間の力を最大限に引き出す共通のイネイブラーとして、SDG 5（ジェンダー平等）と並んで広く他のSDGsの促進に役立つSDGsです。（☞**2-②-5**）

その一方で、「親ガチャ」という、どのような親のもとに生まれるかは運任せで、家庭環境によって人生が左右されることを意味するインターネットスラングが示すように、既存の不平等をさらに悪化させるリスクがあることにも留意する必要があり、包摂性への配慮が欠かせません。

SDG 4について、日本の進捗状況は非常に良好であり、また日本はESDの領域で推進のリーダー的存在でもあります。

●**ターゲットを深読みする**

「ターゲットMap」を見てみましょう。SDGsが先進国も対象とすることから、SDG 4は次に示すような義務教育から生涯教育までをカバーする幅広い構成になっています。

①「**就学前～初等～中等教育**」へのアクセス

②高等教育や職業訓練などの「**高等～生涯学習**」へのアクセス

　これらの双方にかかるターゲットとしてジェンダー格差や脆弱層の教育へのアクセス（ターゲット4.5）が取り上げられています。

　そしてMapの右側に示したように、達成手段としては教員（ターゲット4.c）、教育施設（ターゲット4.a）、そして奨学金（ターゲット4.b）といった教育のヒト、モノ、カネの3つの資源が取り上げられています。

　今回SDGs上は「持続可能な開発のための教育（ESD）」が「ターゲット4.7」として明示されたことに意味があります。

　日本では、**教育要領並びに学習指導要領**に「持続可能な社会の創り手」

## SDG 4 「質の高い教育をみんなに」ターゲット Map

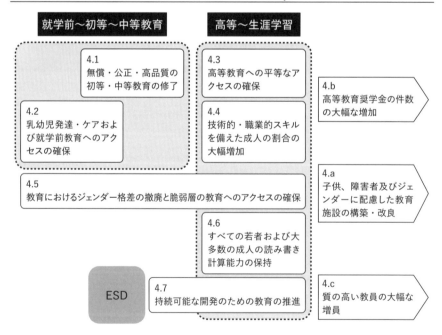

の育成が掲げられ、2020年からSDGsが幼稚園並びに小、中、高等学校の教科に含まれました。SDGs関連の書籍にこれらの層をターゲットとしたものが多く出版されていることもうなずけます。

●企業が取れるアクション

　自社並びにサプライチェーンをまたぐすべての従業員に対して、職業訓練と生涯教育の機会へのアクセスを保障したり、教育へのアクセスと学習の成果を向上させる製品やサービスを研究、開発し、展開することなどが考えられます。

### SDG 4 「質の高い教育をみんなに」の達成に向けたビジネスアクション

| CSV領域 | ビジネスアクション | ケース |
|---|---|---|
| 新製品・サービスの開発 | ☑教育へのアクセスと学習の成果を向上させる製品やサービスを研究、開発し、展開する。 | ・遠隔のコミュニティに教育を届けるためにモバイル・アプリケーションを開発し、配信。(IT企業)<br>・主流から外れた層のニーズ用に内容をカスタマイズしたり、地元の言語で書かれた教材を開発。(出版社) |
| バリューチェーン／サプライチェーンの改善・改革 | ☑自社並びにサプライチェーンのすべての従業員に対して、職業訓練と生涯教育へのアクセスを保障する。 | ・スキル向上のためのトレーニング・ワークショップを男女従業員に提供。<br>・地元の大学と組んで、従業員が無償もしくは高い補助割合で科目を履修する機会を提供。(コーヒー会社)<br>・サプライチェーン上の女性が営む自作農家に対して、サステナブル農業実務を訓練。(グローバル食品製造業) |
| | ☑自社並びにサプライチェーンのすべての従業員に対して、扶養家族を教育するに足る賃金を保障する。 | ・質の高い健康管理へのアクセス、扶養家族の教育と健康支援そして児童労働に頼らないですむ相当の賃金を支給するという業者の方針を支援。(電子機器会社) |
| エコシステムの構築 | ☑高等教育をサポートし、特に教育上不利なグループに対して無料で公平に包括的な初等および中等教育にアクセスするプログラムを導入する。 | ・発展途上国で、エンジニアリング・スクールに出資し、地元で従業員を雇用、教育し、女性向けコースを開設。(グローバルなIT企業) |

# **5** SDG 5：ジェンダー平等を実現しよう

**Q**uiz#041　「ジェンダー」の本来の意味として、正しい記述は次のうちどれでしょうか。

（A）持って生まれた生物学的な雌雄の性の概念。

（B）特にLGBTQなどの性的マイノリティを指す概念。

（C）男らしさや女らしさなど社会・文化的につくられた後天的な男女の性の概念。

---

◉**ここを押さえておこう**

SDG 5「**ジェンダーの平等**」は基本的人権であるだけでなく、平和かつ豊かで持続可能な世界に必要な基盤として重要なテーマです。

ここで注意すべき点は、クイズで取り上げた「ジェンダー」の本来の意味を理解した上で、SDG 5の特徴を押さえておくことです。ジェンダーの本来の意味は、男らしさや女らしさなど、社会通念や習慣などを通じて後天的につくられた概念で、持って生まれた生物学的な雄雌を示す「セックス」とは区別される概念なのです。一方で、LGBTQとは、性的指向であるレズビアン、ゲイ、バイセクシュアルと、性自認であるトランスジェンダーやクイアやクエスチョニング（性のあり方について特定の枠に属さない等）などの性的マイノリティの総称です。

SDG 5の日本の進捗状況は、SDG12（責任）、SDG14（海）と共に非常に遅れています。その根拠として、ジェンダー平等を測る代表的な指標として取り上げられることの多い、「国会議員に占める女性の割合」が低く、また世界経済フォーラム（WEF）が公表した「世界ジェンダー・ギャップ報告書2022」によると、男女格差を測る「**ジェンダー・ギャップ指数**」で、日本は146か国中116位に留まっていることなどが挙げられます。こ

れらのことは、日本が依然として男社会であることを裏付けています。

　日本では、少子高齢化が進む中でジェンダー平等の推進が不可欠になっており、日本政府は「女性の活躍推進」として、政策・方針決定過程への女性の参画拡大、経済分野における女性リーダーの育成、男性の家事・育児等への参画推進などの取り組みを掲げています。

●**ターゲットを深読みする**

　「ターゲットMap」を見てみましょう。先に説明したようにSDG 5の9つのターゲットは「誰一人取り残さない」というSDGsの価値観から、弱い立場にある「女性と女児」にフォーカスしていることがわかります。

① **「ジェンダー平等の達成」** では、女性や女児に対する差別の撤廃や暴力の排除を掲げています。

② **「女性のエンパワーメント」** として、シャドーワークとも呼ばれている無報酬労働としての家事労働や育児、そして介護などに対する経済価値の認識（ターゲット5.4）、そして女性のリーダーシップ機会の確保（ターゲット5.5）を掲げています。

**SDG 5「ジェンダー平等を実現しよう」ターゲット Map**

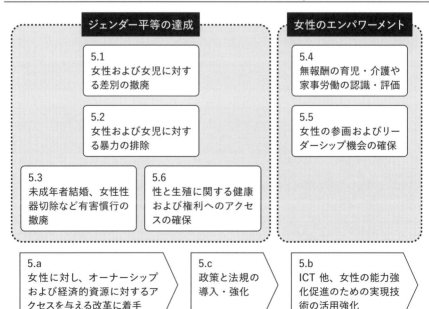

## ●企業が取れるアクション

　SDG 5 の多くのターゲットがビジネスに関係しています。企業が取るべきビジネスアクションとしては、表に示したように、CSV（共通価値の創造）の 3 つの領域ごとに新サービスの開発と、サプライチェーンの全般を通じて、ジェンダー・バランスに配慮することが重要です。(☞4-③-3)

　SDGsの特徴として17の目標は相互に関係しており、総合的に取り組むことの重要性が指摘されていますが、このSDG 5 を推し進めることで特に重要なトレードオフが生じる可能性は低く、SDG 4 （教育）と同様に、広く他のSDGsの促進に役立つイネイブラとなることが期待されています。(☞2-③-2)

　ある調査によれば、女性がオーナーやリーダーである中堅中小企業が世界に900万社存在するとされ、その多くが、資金調達やビジネススキルとネットワーク上の課題を抱えており、特に財務関連の支援が望まれています。

## SDG 5 「ジェンダー平等を実現しよう」の達成に向けたビジネスアクション

| CSV領域 | ビジネスアクション | ケース |
|---|---|---|
| 新製品・サービスの開発 | ☑女性に権限を与える製品やサービスを開発し、マーケティング活動を導入する。 | ・女性起業家向け融資制度の導入。（金融機関）<br>・女性専用保険（ハラスメント行為など）の開発。（保険業） |
| バリューチェーン／サプライチェーンの改善・改革 | ☑ジェンダー差別から免れ予防する方針や慣行を、職場、市場そしてコミュニティで導入する。 | ・セクシャル・ハラスメントなどコンプライアンス教育の実施。<br>・アンコンシャスバイアス（無意識バイアス）ワークショップの実施。<br>・ジェンダーによる報酬ギャップ監査の実施。 |
| | ☑自社ビジネス並びにサプライチェーンのすべてのレベルで女性の雇用を支援し、ジェンダー・バランスの維持に努める。 | ・企業内託児所や学費支援の導入。<br>・男女共通の育児休暇制度の導入。<br>・家事の男女公平な分担を推進するキャンペーンの実施。（洗剤メーカー）<br>・多様性に配慮した下請けプログラムの導入。<br>・女性起業家養成教育プログラムの実施。 |
| エコシステムの構築 | ☑投資、コミュニティ・イニシアチブ、そして擁護を通じて、ジェンダー平等を促進させる。 | ・エンジニア養成学校への投資。（IT企業）<br>・女性が働きやすい環境を整備する企業向けのファンドの設置。<br>・女性にとって不利な法的バリアに反対する主張を展開。（投資会社） |

# 2 人間領域のSDGs

## 6 SDG 6：安全な水と トイレを世界中に

$\mathbf{Q}$uiz#042　水とトイレに関する記述として、誤っているのは次のうち どれでしょうか。

（Ａ）安全な飲料水サービスを利用できない人が、世界人口の約３割に達 する。

（Ｂ）公衆便所などの「基本的衛生サービス」を利用できない人が、世界 人口の約３割に達する。

（Ｃ）自然災害による死者のうちで水関連の災害の占める割合は約７割に 達する。

---

### ◉ここを押さえておこう

SDG 6「**安全な水とトイレを世界中に**」は、水道水の質と量が共に高く、 水洗トイレが普及している日本に居住していると実感の持てないグローバ ル課題のひとつといえます。

国連広報センター（2018年）によれば、

① **飲料水**については、安全な飲料水サービスを利用できない人の割合が依 然として10分の３、つまり21億4000万人にものぼります。このことは、 女児が水汲みを担当するなどして、学校へ通ったり勉強をする時間が取 れなくなるなどの要因のひとつにもなっています。

② **衛生**については、トイレや公衆便所といった「基本的衛生サービス」を 利用できない人の割合が、40億人にものぼります。屋外排泄を継続し ている人が、依然として約９億人に達しています。

③ **災害**については、自然災害による死者のうちで、水関連の災害の占める 割合が70％にのぼっています。

日本の進捗状況は、課題を残しています。（☞2-⑤-3）その背景には次

の2点が挙げられています。

・再生可能な水資源からの良質でフレッシュな水の回収率
・輸入地下水の消費量

●ターゲットを深読みする

「ターゲットMap」を見てみましょう。SDG 6の8つのターゲットは、「**水**」と「**衛生**」の2つの分野を対象とする構成になっていることがわかります。

また、SDGsの前身である2000年の「国連ミレニアムサミット」で採択されたMDGs（☞2-①-2）のMDG 7「環境の持続可能性確保」が対象としていた「アクセス（利用可能性）」に加えて、SDG 6では新たに水質の改善や統合水資源管理といった「持続可能な管理」に関するターゲットが追加されました。

ここで注目したいのは達成目標の期限です。SDGsが掲載されている「2030アジェンダ」が示すように、SDGsの目標期限は通常2030年ですが、ターゲット6.6（水関連の生態系の保護・回復）については期限が2020年に設定されています。(☞3-①-1)

**SDG 6「安全な水とトイレを世界中に」ターゲット Map**

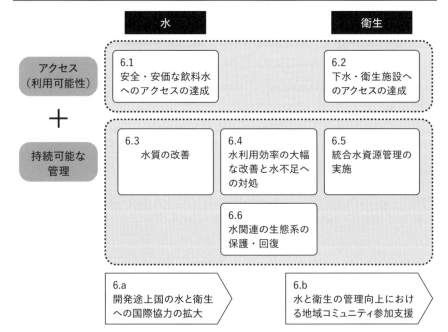

## ●企業が取れるアクション

　表に示したように、サプライチェーン全般を通じた水に関する戦略を策定し、水に関するエコシステムの保護を図り、ステークホルダーの水と衛生施設へのアクセスを保障することなどが考えられます。

　農業セクターは、世界の水の70％近くを消費する淡水の最大の消費者であるとされており、農業と食品のサプライチェーンに関わる企業は、生産性の高い作物を増やしたり、水の管理技術の向上などにより、水の節約に貢献することが期待されています。

## SDG 6 「安全な水とトイレを世界中に」の達成に向けたビジネスアクション

| CSV領域 | ビジネスアクション | ケース |
|---|---|---|
| 新製品・サービスの開発 | ☑自社とサプライチェーンの水域を対象とした、社会的に平等で、環境的に持続可能で、経済的に有益な、水に関する包括的な戦略を策定し実行する。 | ・自社の取水地域の水管理のマスタープランを、農家と住民と協働して作成。（食品メーカー） |
| バリューチェーン／サプライチェーンの改善・改革 | ☑自社とサプライチェーンの業務に関わる水を基準としたエコシステムを保護または回復させる。 | ・少なくとも自社の生産に使用した地下水に相当する量の水を補充するための雨水集水池のインフラに投資。（自動車製造業）<br>・都市の排水処理プラントから再利用水を調達。（化学メーカー） |
| エコシステムの構築 | ☑自社とサプライチェーンの業務が地域の水の供給に与えるインパクトを理解し、ステークホルダーが清潔な水と衛生施設を提供することを支援することにより、水と衛生施設へのアクセスを保障する。 | ・新たに建設するダムの下流に位置する村に、エネルギー他の使用で質の高い水資源を提供するための下水処理施設を提供。（水力発電ダム運営会社） |

# ③ 豊かさ領域のSDGs

## ① SDG 7：エネルギーを みんなにそしてクリーンに

$\mathbf{Q}$uiz#043　クリーン・エネルギーに関連して、日本の電源構成に占める「再生可能エネルギー」の割合は、次のうちどれでしょうか。(2019年実績)

（A）約36%　　（B）約18%　　（C）約9%

### ●ここを押さえておこう

エネルギーに関する課題は、SDG13（気候変動）の緩和策にも関連し、人間社会が直面している重要なリスクと機会の中心となっています。

日本の2019年度の電源構成は、火力が最大で75.7%。太陽光、水力、風力、バイオマス、地熱などの「**再生可能エネルギー**」が18.1%、そして原子力が6.2%でした。（資源エネルギー庁）

日本政府は2021年4月に、2030年の**温室効果ガス排出**を46%削減し（2013年度比）、さらに50%削減の高みに向けて挑戦する方針を発表しています。そして、「第6次エネルギー基本計画」（2021年10月）では、2030年度の電源構成に占める再生可能エネルギーの比率を太陽光と風力を軸に36〜38%へと拡大する方針を打ち出しています。

**IPCC**（気候変動に関する政府間パネル）から、第6次評価報告書として一連の作業部会報告書（2021〜2022年）が発行され、注目を集めています。(☞1-②-1) その第3作業部会（気候変動の緩和）の報告書（2022年4月）では、我々は、温暖化を1.5℃以内に抑制する経路上にはいないとし、気候変動対策の加速は、持続可能な開発に不可欠と指摘しています。そして、その中で、再生可能エネルギーは、2010年から2019年にかけて単価が継続的に低下し、導入も大幅に加速しているとし、エネルギー部門全体を通して温室効果ガス排出量を削減するには、化石燃料使用の大幅削

減、低排出エネルギー源の導入、代替エネルギーキャリアへの転換、および エネルギー効率と省エネルギーなどの大規模な転換が必要であるとして います。

●**ターゲットを深読みする**

「ターゲットMap」を見てみましょう。SDG 7「**エネルギーをみんなに そしてクリーンに**」の 5 つのターゲットには、SDG 6（水）と同様に、 大きく「アクセス（利用可能性)」と「持続可能な管理」に関するターゲッ トが設けられています。

① 「**アクセス（利用可能性)**」に関しては、ターゲット7.1（現代的エネル ギーサービスへの普遍的アクセスの確保）を掲げています。ここで、英 文タイトルにある「Affordable（アフォーダブル)」とは、手頃な価格で クリーンなエネルギーにアクセスできることを意味します。

**SDG 7「エネルギーをみんなにそしてクリーンに」ターゲット Map**

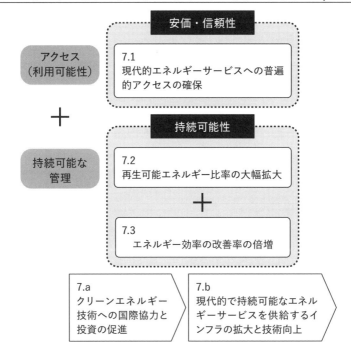

② **「持続可能な管理」** に関しては、このテーマの緊急性からも、ターゲット7.2（再生可能エネルギー比率の大幅拡大）という中長期的なトランスフォメーションを掲げています。そして漸進的な改善アプローチとして、ターゲット7.3（エネルギー効率の改善率の倍増）も掲げていることに注意する必要があります。

## ●企業が取れるアクション

エネルギー効率を高める新製品の開発やサプライチェーンの構築が考えられます。水力発電など大規模なプロジェクトは、周辺住民に移転を強い、貧困に追いやることにもつながる可能性があります。また、バイオマス発電の原料となる木材や農作物の栽培のために、森林を伐採したり農地を活用することは、飢餓を引き起こすことにもつながる場合があり、注意する必要があります。

**SDG 7「エネルギーをみんなにそしてクリーンに」の達成に向けたビジネスアクション**

| CSV領域 | ビジネスアクション | ケース |
|---|---|---|
| 新製品・サービスの開発 | ☑安価で持続可能なエネルギーと、エネルギー効率の高い製品やサービスを新たな市場・コミュニティに提供するためのビジネスモデルを研究、開発し展開する。 | ・スマート・ビルディング・マネジメント・システム、LED照明、電力最適化などを通じたエネルギー効率の向上。（家具メーカー） |
| バリューチェーン／サプライチェーンの改善・改革 | ☑エネルギー効率を著しく向上させ、残りのエネルギー需要を再生可能な供給源から調達する。またサプライヤーの選定とサポートを通じて、サプライチェーンをまたがって同様のアクションを促進させる。 | ・すべての車両をEVに変更。（カーシェア会社）<br>・すべて再生可能エネルギーに切り替え、再生可能エネルギー100％の業者からのみ部品調達を実施。（医療メーカー）<br>・砂糖工場の再生可能燃料ボイラーから電力とバイオ燃料をつくり出し、地域に供給。（食品メーカー） |

## ② SDG 8：働きがいも経済成長も

**Q**uiz#044　SDG 8のターゲットに含まれていない項目は、次のうちどれでしょうか。

（A）健康経営の推進。

（B）強制労働の根絶と児童労働の禁止・撲滅。

（C）持続可能な観光業の促進。

---

●ここを押さえておこう

　SDG 8「**働きがいも経済成長も**」は「経済成長の促進」と共に「完全・生産的な雇用とディーセント・ワークの促進」を同時に目指すとしています。

①「**包摂的・持続可能な経済成長の促進**」について、SDG 8の日本の進捗状況は決して良いとはいえません。(☞2-⑤-3) その要因のひとつに、失われた30年とも称される経済成長率の低迷が挙げられています。

②「**完全・生産的な雇用とディーセント・ワークの促進**」について、ディーセント・ワークとは、人間らしい生活を継続的に営める人間らしい労働条件を指す言葉です。発展途上国では、児童労働や強制労働が課題になっています。

　また先進国では、社会的弱者である女性、障害者、移民などに対する差別が続いています。サプライチェーンのグローバル化が進む中にあって、中国新疆ウイグル地区の**人権問題**にまつわる新疆綿の使用、カカオの生産にまつわる人権や環境問題など、ビジネス活動とSDGsの接点を確認しておく必要性が高まっています。(☞1-③-2)

　日本政府も、生産性革命や働き方改革として、**同一労働同一賃金**など非正規雇用の処遇改善、長時間労働の是正、生産性の向上と賃金の引き上げ、

女性・若者の活躍推進、人材投資の強化、並びにテレワークの普及展開などに取組んでいます。

## ●ターゲットを深読みする

「ターゲットMap」を見てみましょう。日本企業にも大いに関わる課題として、ターゲット8.5（完全・生産的な雇用とディーセント・ワーク、同一労働同一賃金の達成）、ターゲット8.6（未就労・未就学の若者の大幅な削減）そしてターゲット8.b（若年雇用のための国家戦略の展開）が取り上げられています。ターゲット8.3（中小零細企業の設立や成長の奨励）で中堅中小企業が直接の対象として挙げられており、ファイナンスへのアクセスの重要性が指摘されています。また、観光産業がメインの発展途上国を念頭に、サステナブル・ツーリズムがターゲット8.9（持続可能な観光業の促進）に含まれています。

　ターゲット8.4（経済成長と環境悪化の分断）は、正しく、環境・社会と経済の両立を掲げるサステナブル・ディベロプメント（持続可能な開発）

### SDG 8 「働きがいも経済成長も」ターゲット Map

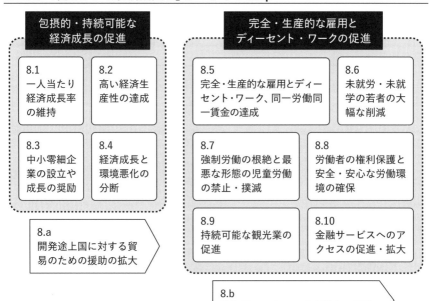

の目標そのものだといえるでしょう。GDPに代わるグローバル指標として何が設定されているか興味深いところですが、次の2つがグローバル指標として設定されています。

- 「指標8.4.1」マテリアルフットプリント（MF）および一人当たり、GDP当たりのMF
- 「指標8.4.2」国内総物質消費量（DMC）および一人当たり、GDP当たりのDMC

また、目標期限が2030年より早期に設定されているターゲットが、3件あることにも注目する必要があります。（☞3-①-1）2020年までのターゲット8.6とターゲット8.b、そして2025年までのターゲット8.7です。

### ●企業が取れるアクション

表に示したように、サプライチェーンの全般にわたりディーセント・ワークを支援し、持続可能な開発を促進させることが考えられます。

### SDG 8「働きがいも経済成長も」の達成に向けたビジネスアクション

| CSV領域 | ビジネスアクション | ケース |
|---|---|---|
| 新製品・サービスの開発 | ☑R&D（研究開発）への投資と成長ビジネスへの支援を通じて、経済成長と生産性を、持続可能な開発と両立させる形で、促進させる。 | ・開発の遅れている国の成長企業やスタートアップ企業に対して、現地雇用の促進のためのファイナンスを開発。（国際的銀行）<br>・原材料の相当割合を発展途上国の小規模農家から調達し、現地雇用を後押しすることをコミット。（国際的食品企業） |
| バリューチェーン／サプライチェーンの改善・改革 | ☑自社ビジネス並びにサプライヤーとのパートナーシップを通じて、サプライチェーンをまたいだすべての従業員に対して、働きがいのある人間らしい仕事環境を支援する。 | ・UNICEF（国連児童基金）と協力しインドで児童擁護委員会を設置し、児童労働問題の要因（貧困、教育へのアクセス問題、健康問題など）を明確化。（大規模家具企業） |
| | ☑脆弱で経済的に不利な立場にあるグループに焦点を絞って、労働者の教育と訓練を行なう。 | ・国連やNGOと組んでサプライチェーンにおける人権問題の追跡から得た知見を共有し、ディーセント・ワークの保障を実施。（消費財企業）<br>・障害者雇用を推進し、専門的、個人的成長の機会を提供。（国際的飲料企業） |

# **3** SDG9：産業と技術革新の基盤をつくろう

**Q**uiz#045　SDGsは変革的な性質を持つため、その達成にはイノベーションが欠かせません。SDG9がカバーする範囲は、次のうちどれでしょうか。

（A）産業化の促進の一領域。

（B）産業化の促進とイノベーションの推進の二領域。

（C）産業化の促進とイノベーションの推進、インフラの構築の三領域。

## ●ここを押さえておこう

　SDGsのアイコン上に表示される短縮形の文章にはSDG9「**産業と技術革新の基盤をつくろう**」という和訳が付されており、産業と技術革新の二領域を対象としているかのように思われがちです。しかし、原典である英文は「Industry, innovation and infrastructure」となっており、SDG9が対象とする領域は、産業化の促進とイノベーションの推進そしてインフラの構築の三領域であることに注意する必要があります。

　SDGsが掲げる目標は、現在を起点としたコツコツと漸進的な改善目標という発想（フォーキャスティング）ではなく、プラネタリーバウンダリー（☞1-①-1）で指摘されているように、「人類が生き残れる地球システム」の2030年のあるべき姿を思い描いて、あえて大きく困難で大胆な目標（BHAG）を掲げて、バックキャスティングで達成するという考え方によっています。(☞2-①-6)

　そのためには、SDGsの対象期間に実現するであろう新たなデジタル／ICTを含む革新的な技術による支援を想定しているのです。

## ●ターゲットを深読みする

　「ターゲットMap」を見てみましょう。先に示したように、SDG9の8つ

のターゲットは、大きく「産業化の促進」、「イノベーションの推進」そして「強靭なインフラの構築」の3つのカテゴリーから構成されていることがわかります。

① 「**インフラの構築**」には、通信技術だけではなく、人々の生活を支える、上下水道、電力、道路交通網、金融サービスなどが含まれます。このインフラへの投資は、持続可能な開発を達成し、コミュニティのエンパワーメントを図る上でも欠かせません。

② 「**産業化の促進**」には、経済開発・発展と雇用の重要なドライバーとしての製造業が重要な役割を果たします。一方で、製造工程中の二酸化炭素の排出も、気候変動の要因として検討すべき重要な課題になっています。(☞3-④-2)

OECD諸国では、中堅中小企業が製造セクターの60％、サービスセクターの75％を雇用し、50から60％の付加価値を生み出しています。特

### SDG 9 「産業と技術革新の基盤をつくろう」ターゲット Map

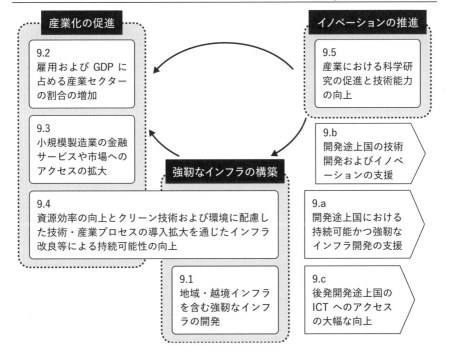

に、新規の小規模な企業は、しばしば革新の原動力になっており、ター
ゲット9.3（小規模製造業の金融サービスや市場へのアクセスの拡大）
で直接の対象として取り上げられています。

③「インフラの構築」と「産業化の促進」には、「**イノベーション**」が欠
かせません。これらの三つが相互に関係し合うようになっていることが
ポイントです。

　達成手段としてのターゲット「9.a、9.b、9.c」は、開発途上国への支援
を中心に設定されています。

● **企業が取れるアクション**

　持続可能な新サービスの開発や、バリューチェーンの革新などが挙げら
れます。一方で、負のインパクトについても配慮する必要があります。(☞
**2-③-2**）例えば、大規模なインフラプロジェクトのためにコミュニティを
移動させる必要がある場合、女性や子供そして弱いコミュニティに不平等
な影響を与えることや、陸、海洋可能性への対応、そして気候に衝撃的な
危害を与えるリスクなどに留意する必要があります。

**SDG 9 「産業と技術革新の基盤をつくろう」の達成に向けたビジネスアクション**

| CSV領域 | ビジネスアクション | ケース |
|---|---|---|
| 新製品・サービスの開発 | ☑持続可能でレジリエントな製品とサービスを研究、開発し、展開する。 | ・発展途上国で、気候変動に対してレジリエントなデザインと包括的なサービスの提供を含むプロジェクトに資金を供給するグリーン・ボンドを設立。(投資銀行)【イノベーション】 |
| バリューチェーン／サプライチェーンの改善・改革 | ☑グローバル・バリューチェーンに属する開発途上国の産業を、包摂的かつ持続可能な形でアップグレードさせることを支援する。 | ・発展途上国の遠隔地に農村の女性がディーセント・ワークに就けるよう持続可能な衣料製造工場を建設。(ファッション小売業)【産業化】<br>・発展途上国で鉱山プロセスに特化した持続可能な経済特区を支援し、共有インフラに投資。(鉱山企業)【産業化】<br>・開発銀行と組んで、海面上昇に対するレジリエンスの向上を目的とし、岸壁の高さを上げるための資金と技術能力を確保。(ヨーロッパの港)【インフラ】 |
| エコシステムの構築 | ☑金融へのアクセスを提供し、起業家精神を育成し、財務およびリサーチ資源をグローバル・ナレッジ・ベースに蓄積すること等を通じて、持続可能な開発のためのイノベーション・システムを創造する。 | ・開発途上国で、清潔な水にアクセスできる技術的ソリューションを追求している中堅中小企業向けのベンチャー・キャピタルを表彰。(消費財会社)【イノベーション】<br>・イノベーティブな企業に最先端の設備を提供するイノベーション・キャンパスを運営するコンソーシアムを主導。(健康、栄養、資材分野の国際的化学会社)【イノベーション】 |

Quizの答え　(C)

122

# 3

豊かさ領域のSDGs

# 4

## SDG10：人や国の不平等をなくそう

**Q**uiz#046　社会の所得分配の不平等さや富の偏在性などを測る指標に「ジニ係数」があります。日本の値は、次のうちどれでしょうか。

※「ジニ係数」は、所得格差を1〜0で表わし、0が完全平等、1が完全不平等で、1に近いほど所得格差が大きいことを示します。

（A）0.40　　（B）0.33　　（C）0.28

※OECD（経済協力開発機構）2019年のデータ（日本は1年前）

---

### ●ここを押さえておこう

　2018年に開催されたダボス会議で国際NGOオックスファム（Oxfam）が、「世界で最も豊かな42人の所有資産総額は、世界人口の下位半数、37億人の総所得に匹敵する」と発表したことは、まだ記憶に新しいところでしょう。所有する株式などの時価総額などのストックと、給与などのフローを比較しているとはいえ、その表現が、経済的、社会的格差の極端な開きを象徴していることに違いはありません。

　SDG10「**人や国の不平等をなくそう**」の日本での進捗状況は高いとはいえない状態にあります。（☞2-⑤-3）その背景として、次の項目が挙げられます。

・社会の所得分配の不平等さや富の偏在性などを測る指標である「ジニ係数」が0.33と比較的高い
・65歳以上の高齢者、特に女性の貧困率が高い

　日本でも経済的格差が広がりを見せており、高齢化社会の進展を受けて高齢者の老後資金問題が顕在化してくることが予想されます。

　SDGsの理念である「誰一人取り残さない」ための対策が求められています。

## ●ターゲットを深読みする

「ターゲットMap」を見てみましょう。SDG10は、大きく「**国内の不平等是正**」と「**各国間の不平等是正**」という国内外の２つのグループから構成されています。格差問題については、【1-③】で取り上げたように、「経済的格差」に加えて、ジェンダー不平等などの「社会的格差」の問題があります。

日本は難民条約に加入しており、2022年にはロシアのウクライナ侵攻による「避難民」を含めてミャンマーなど「ターゲット10.7」と「ターゲット10.c」で取り上げられている**移民や難民の問題**も深刻度を増しています。

SDG10の特徴としては、以下の２つが挙げられます。

①国内については、他のSDG１（貧困）、SDG３（健康）、SDG５（ジェンダー）と重なり、各国間は、SDG16（平和と公平）とSDG17（パートナーシップ）と内容的に重なります。

### SDG10「人や国の不平等をなくそう」ターゲット Map

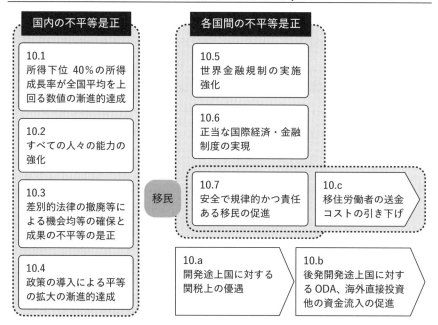

②ターゲットは、法制度や金融に関わるものも多く、具体的で的を射た内容となっており、ターゲット内の詳細目標（小数点以下が数字のもの）についても具体的なものが設定されているのがわかります。

## ●企業が取れるアクション

　表に示したように、多くのターゲットが何らかの形でビジネスに関わりがあるものの、民間のビジネスと深く関係するターゲットは10.3の１件と限定的です。

　主流から外れた人々をターゲットにした新サービスの開発や、サプライチェーンのすべての業務について平等を支援することなどが求められます。

　中堅中小企業は、大企業が進出するには規模が小さい地域・人口・市場に対してサービスを提供しており、SDG10への貢献が期待されます。中堅中小企業の発展と競争力と生産性の向上に対する投資は、賃金の不平等を削減する重要なドライバーになります。

### SDG10「人や国の不平等をなくそう」の達成に向けたビジネスアクション

| CSV領域 | ビジネスアクション | ケース |
|---|---|---|
| 新製品・サービスの開発 | ☑めぐまれず、主流から外れた人々をターゲットにした製品、サービスそしてビジネスモデルを設計し導入する。 | ・入手可能性を高めるため低価格の女性用生理用品を開発し、販売に露天商を起用。（スタートアップ企業）<br>・都市部の低所得者が夏場に食中毒にならぬよう、必要な機能を備えた低価格の冷蔵庫をデザイン。（消費財企業） |
| バリューチェーン／サプライチェーンの改善・改革 | ☑自社とサプライチェーンの業務について、機会、待遇そして成果の平等を支援する方針と実務を導入する。 | ・結婚に相当する認識や、職務上で遭遇する不公平に対する気付きを促すなどLGBTコミュニティを受け入れる。（大手会計事務所）<br>・ジェンダー報酬ギャップ監査を外部の認定機関を使って実施し公開。（ファイナンシャル・サービス会社）<br>・小規模農家がオーナーとなる制度を持ち、利益の分配と意思決定への参加を可能にしている。（チョコレート会社）<br>・NPOが海外のある工場に対して、労働者の間で報酬が適切に配分されているかを確認するアセスメントを実施することを許可。（消費財企業） |
| | ☑ステークホルダー間の経済的価値の分配状況を評価し、より平等にするための方針とプラクティスを導入する。 | ・繊維と衣服のサプライチェーンにおける生活賃金の問題に取り組むため、ブランド、小売業、製造業、労働組合から構成されるグローバル・フレームワーク・アグリーメントに参加。（衣類会社） |

# **5** SDG11：住み続けられる まちづくりを

$Q$uiz#047　SDG11のターゲットに含まれていない内容は次のうちどれ でしょうか。

（A）輸送システムへのアクセス。

（B）世界文化・自然遺産の保護・保全。

（C）交通事故死の半減。

● **ここを押さえておこう**

　産業革命以降「都市の位置付け」の重要性は増し続けてきました。世界 の都市で暮らす人口は、2017年の35億人から、2030年には50億人にまで 増加するとの予想があります。現在の都市が抱える世界共通の問題として は、過密化、インフラの未整備や劣化、基本的なサプライチェーンを提供 するための資金の欠如、適切な住宅の不足、大気汚染の悪化などが指摘さ れています。さらに、発展途上国ではスラム街が生まれ、環境汚染、健康、 衛生面の問題も発生しています。

　日本では、震災や水害などの自然災害が多発しています。また一人親家 庭、高齢者などの住居へのアクセス等の問題が顕在化しています。

　これらの都市化がもたらす問題に対処するためには、効率的な都市計 画・管理の導入が重要となっています。

　次にSDG11のアイコン上の短縮形の文章に注目してみましょう。和訳 は「**住み続けられるまちづくりを**」になっていますが、英文は「Sustainable cities and communities」（サステナブル・シティとコミュニティ）となっ ています。第4章で詳しく説明していますが、著者は「サステナブル」は 環境と社会にかかる形容詞として捉えることが適切だとの考えから、**サス テナブル・シティ**とは環境と社会の持続可能性に配慮した都市との意味合

いで捉える方が良いと考えています。

　SDG11の日本での進捗状況は、改善の方向にはあるものの良いとはいえない状況にあります。(☞2-⑤-3) その背景には、家賃負担や地方における公共交通機関へのアクセスといった指標が低いなどが挙げられます。日本では、震災や水害など自然災害が多発していることもあり、「ターゲット11.5」や「ターゲット11.b」で取り上げられている「災害・公害対策」が重要になります。また、観光産業、外国人観光客の誘致にも関連する、「遺産の保護・保全」の重要性も増しています。

●**ターゲットを深読みする**

　「ターゲットMap」を見てみましょう。SDG11は次の3つのグループから構成されていることがわかります。

①**「都市および人間居住の改善」**として、基本サービス、輸送システム、公共スペースへのアクセスの確保があります。少子高齢化と地方の過疎化が進む日本では、「買い物難民」などの問題も抱えています。

**SDG11「住み続けられるまちづくりを」ターゲットMap**

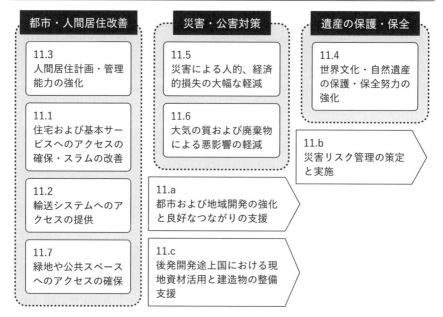

都市・人間居住改善

11.3
人間居住計画・管理能力の強化

11.1
住宅および基本サービスへのアクセスの確保・スラムの改善

11.2
輸送システムへのアクセスの提供

11.7
緑地や公共スペースへのアクセスの確保

災害・公害対策

11.5
災害による人的、経済的損失の大幅な軽減

11.6
大気の質および廃棄物による悪影響の軽減

11.a
都市および地域開発の強化と良好なつながりの支援

11.c
後発開発途上国における現地資材活用と建造物の整備支援

遺産の保護・保全

11.4
世界文化・自然遺産の保護・保全努力の強化

11.b
災害リスク管理の策定と実施

②都市部は、災害に対して脆弱なこともあり、レジリエンスを高める「**災害・公害への対策**」が挙げられています。(☞4-①-3)

③さらに「**遺産の保護・保全**」も付け加えられています。

●**企業が取れるアクション**

　表に示したように、都市のレジリエンスの向上と基本的サービスへのアクセスの改善を支援すること、そして文化・自然遺産の保護が考えられます。

　SDG11に関わるアクションを取る場合、都市と地方との格差、そして都市開発に取り残されたコミュニティの貧困などに留意する必要があります。

### SDG11「住み続けられるまちづくりを」の達成に向けたビジネスアクション

| CSV領域 | ビジネスアクション | ケース |
|---|---|---|
| 新製品・サービスの開発 | ☑レジリエントな建物、輸送、緑地スペース、そして公共施設へのアクセスを改善させる製品とサービスを研究、開発し、展開する。 | ・地域住民が緑地として利用可能なマルチ・ユース・スタジアムを設計。(スポーツ・チーム)<br>・市当局と組んで、市内のサステナブルなインフラを対象とするグリーン・ボンドを開発。(金融機関) |
| バリューチェーン／サプライチェーンの改善・改革 | ☑職場、市場、そしてコミュニティを通じて、基本的サービスへのアクセスを支援する。 | ・女性が、危険な時や、交番、病院、銀行などを必要とする場合につなぐアプリを提供。(保険会社)<br>・クローズド・ループ灌漑システムを活用し、革新的な農産物を生産。(農業) |
| エコシステムの構築 | ☑文化・自然遺産を保護し、投資を行なう。 | ・利益の重要な割合を、自然文化遺産の保護に投資。(アウトドア小売会社)<br>・UNESCOの世界遺産地域の近郊で、サプライチェーンを対象として、排水の流出と大気汚染の削減をコーディネイト。(ホテル会社) |

Quizの答え　(C) ……「(C) 交通事故死の半減」はSDG3 (健康) のターゲット3.6です。

# 4 地球の領域のSDGs

# 1 SDG12：つくる責任
つかう責任

**Q**uiz#048　SDG12が取り扱うサーキュラーエコノミー（循環経済）へ
の移行として適切な記述は、次のうちどれでしょうか。

（A）SDGsに責任を持つ国こそが政策を掲げて単独で推進すべき。

（B）まず「つくる責任」とあるように企業側が単独で推進すべき。

（C）「責任ある消費」の主体として消費者が率先して変わるべき。

---

## ●ここを押さえておこう

SDG12のタイトルでアイコンに掲載される短縮形に注目してみましょう。日本語訳は「**つくる責任つかう責任**」ですが、英文は「Responsible consumption and production」です。2つを比較すると、

①消費と生産の順番がひっくり返っています。著者は、環境や社会への配慮がコストアップにつながり、それが購入価格に反映されてもその製品やサービスを選択するという消費者の態度こそが、メーカーサイドの活動を動かし、後押しするとの考えから、英文の通り、消費を先に持ってくる方がいいと考えています。

②さらに英文では、環境や社会に負のインパクトを与えないという意味で「責任ある（Responsible）……」とあるところ、日本語では「……責任」と訳されています。これも意味に違いが出てきます。

総じて、直訳の「責任ある消費と生産」の方が本旨が伝わると著者は考えています。

SDG12の日本の進捗状況は、SDG5（ジェンダー）、SDG14（海）と共に非常に悪い状況にあります。

これに対して、日本政府は次のような政策を打ち出しています。

①**サプライチェーン**：リサイクル制度の推進、廃棄物処理施設の整備など

「循環型社会の構築」と、食品廃棄物等のリデュース・リサイクルなど「食品廃棄物の削減や活用」

②**消費**：エシカル（倫理的）消費の普及等「持続可能な消費の推進」

●**ターゲットを深読みする**

「ターゲットMap」を見てみましょう。SDG12は、つかうとつくるをつなげて、資源調達段階の「**天然資源・農業**」から「**サプライチェーン**」へ、さらには**消費チェーン**へと至る、いわば拡張版のサプライチェーン全体をカバーしています。

SDG12は、モノとサービスを提供することを業とするビジネスに深く関係するSDGsのひとつです。大量生産大量消費というこれまでのパターンから、「より少ないもので、より多く、より良く」を目指す、「**持続可能な消費と生産（SCP：Sustainable Consumption and Production）**」というパターンへのトランスフォーメーションを求めています。

## SDG12「つくる責任つかう責任」ターゲット Map

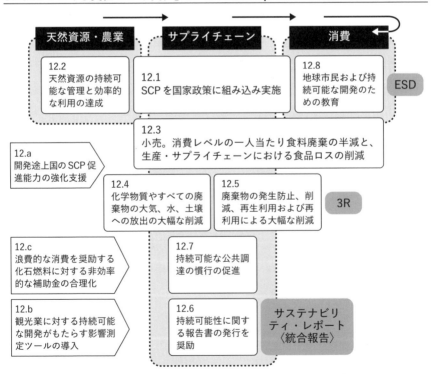

調達段階では、「ターゲット12.2」で天然／自然資源の持続可能な管理と効率的な利用を目標に掲げ、サプライチェーンでは食品を例に、「ターゲット12.3」で食品ロスの問題を取り上げています。

　企業はサーキュラーエコノミー（☞**4-④-2**）の実施状況をステークホルダーに報告することが求められており、「ターゲット12.6」にある持続可能性に関する報告書として「サステナビリティ報告書」や「統合報告」があります。（☞**6-③**）

●**企業が取れるアクション**

　表に示したように、新サービスの開発と、サプライチェーンの全体を通じたSCPへの移行を促進させる必要があります。また、中堅中小企業は、企業単独では環境と社会に対するインパクトは小さいものの、大企業のグローバル・サプライチェーンのメンバーとして、その累積的なインパクトは計り知れないものがあります。

## SDG12「つくる責任つかう責任」の達成に向けたビジネスアクション

| CSV領域 | ビジネスアクション | ケース |
|---|---|---|
| 新製品・サービスの開発 | ☑製品とサービスのポートフォリオを、資源の消費と廃棄物を削減させる方向にシフトさせる。 | ・エネルギー消費量を低減させるスマートな耐久消費材を設計。（家電メーカー）<br>・エネルギー効率の高い住宅やオフィスの新築に特化した低金利な担保ローンを提供。（金融機関）<br>・梱包を完全になくし、顧客自身に再利用パッケージを持参させる店舗へ移行。（食品雑貨店チェーン） |
| バリューチェーン／サプライチェーンの改善・改革 | ☑責任ある循環型ビジネスモデルを設計し導入する。 | ・環境再生型農業の原則を取り入れた包括的な生産・収穫システムを構築。（オーガニック・サトウキビ栽培業者）<br>・クローズド・ループ（循環型）灌漑システムを活用し、革新的な農産物を生産。（農業）<br>・e-waste（電気電子機器廃棄物）を分離し取り除くシステムを開発。（IT機器製造業）<br>・異なる用途に使用できるエネルギー・ポジティブな「生きた建物」を管理するコンソーシアムを主導。（ディベロッパー） |
| エコシステムの構築 | ☑サプライチェーンにまたがる生産と消費の持続可能性と、周辺のコミュニティへのインパクトをトレースし報告するためのソリューションを開発、導入しシェアする。 | ・環境と社会に関する違反をトレースするシステムを導入し、生産プロセスのサステナビリティを開示。（製靴会社） |

（C）　**A クイズの答え**

# 4 地球の領域のSDGs

## 2 SDG13：気候変動に具体的な対策を

$\mathbf{Q}$uiz#049　SDGsの各目標のターゲットの数は、単純に平均すると10件（169÷17）となります。では、17のSDGsの中でも緊急度が高いとされる気候変動を取り扱うSDG13のターゲットの数は、次のうちどれでしょうか。

（A）最多の19件　　（B）平均の10件　　（C）最少の5件

### ●ここを押さえておこう

　2015年パリで開催された**COP21（国連気候変動枠組条約第21回締約国会議）**において、地球温暖化を産業革命以前に比べて2℃未満、可能な限り1.5℃未満に抑えることで合意がなされました。さらに、2021年にグラスゴーで開催されたCOP26では、1.5℃に抑えることが明示され、そのために、

- ・2030年には世界全体の温室効果ガスの排出量を2010年比で45％削減
- ・2050年頃には実質ゼロにする

必要があることが合意文書に記載されました。

　SDGsの中で気候変動を直接取り扱っているのが、このSDG13「**気候変動に具体的な対策を**」です。その特徴としては以下が挙げられます。

①緊急性と他のSDGsへのインパクトの強さから、目標の文章に「緊急対策を講じる」と、SDGsの中で唯一アクション表現が使われています。

②2015年の「**パリ協定**」を受けて、主として温室効果ガスの排出削減による「緩和策」と、気候変動の影響による被害を防止、軽減させる「適応策」の両面作戦という構成を取っています。

③ターゲット（詳細目標）は政策の組み込みなどの大枠を示し、具体的なターゲットは、該当するSDGsに譲るという構成になっています。

●**ターゲットを深読みする**

「ターゲットMap」を見てみましょう。SDG13のターゲットは、気候変動に対する緩和策と適応策の車の両輪で対応するという構成になっていることがわかります。

①まず急がねばならないのが、**緩和策（mitigation）**としての気候変動の原因となる温室効果ガスの排出削減です。排出削減（ターゲット13.2）と人的能力開発（13.3）の2つの詳細目標が掲げられています。

②**適応策（adaptation）**とは、すでに発生しているか将来予想される被害を防止、軽減させるいわば防衛策です。これについては、詳細目標としてはレジリエンスと適応能力の強化（ターゲット13.1）の1件のみと実にシンプルになっています。

**SDG13「気候変動に具体的な対策を」ターゲットMap**

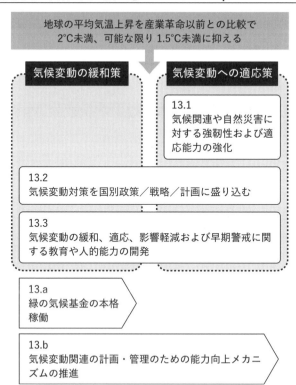

重要度も緊急度も共に高いにもかかわらず、SDG13のターゲットの数は５つで、SDG７（エネルギー）と共にSDGsの中で最小です。気候変動の要因とインパクトと関連する他のSDGsを束ねるに位置にあるためと考えられます。

## ●企業が取れるアクション

　ターゲット13.2（気候変動対策を国別政策／戦略／計画に盛り込む）の文言からも、SDGsの実施主体は国にあることが確認できます。(☞2-④-1)

　表に示したように、企業レベルでは気候変動に対するサプライチェーン全般の強靭性を高めたり、従業員の能力向上に取り組むことが考えられます。

　中堅中小企業は、温室効果ガス排出量の多い３つのセクター（農業・漁業、製造と電気、そしてガス・水道業）に多く存在しています。気候変動の緩和策に貢献する可能性が高いといえます。また、中堅中小企業が多い農業、製造業とサービス業は、洪水、干ばつ、海面の上昇などの気候変動が引き起こす事象に脆弱であるため、適応策を積極的にリードすべき位置にいると言えます。

**SDG13「気候変動に具体的な対策を」の達成に向けたビジネスアクション**

| CSV領域 | ビジネスアクション | ケース |
|---|---|---|
| 新製品・サービスの開発 | ☑製品等の使用から生じるエミッションを無視できるレベルで維持、促進させる製品やサービスのポートフォリオにシフトする。 | ・グリーンファイナンスおよび人道主義ファンドのイニシアチブを主導。（投資銀行） |
| バリューチェーン／サプライチェーンの改善・改革 | ☑気候を意識した行動を促進し、気候対策活動に対する能力を構築する。 | ・サプライチェーン全体にわたり温室効果ガスを2010年比で半減させることを確約。（食品製造会社） |
| | ☑自社とサプライチェーンの業務の気候変動に対するレジリエンスを高める。 | ・NGOと組み、ケニアでトラックを改造して現地に赴き上映とワークショップを実施し気候変動に対するレジリエンスを高める教育を実施。（農業機器製造業） |
| エコシステムの構築 | ☑周囲のコミュニティの気候変動に対するレジリエンスを高める。 | ・気候変動に脆弱な諸国の家庭とコミュニティを支援する資金の提供をコミット。（家具会社） |

# 4 地球の領域のSDGs

## 3 SDG14：海の豊かさを守ろう

$\mathbf{Q}$uiz#050　海洋に関するファクト（事実）として、誤っているのは次のうちどれでしょうか。

（A）海洋は地球の表面積の4分の3を占める。

（B）海洋は地球の水の97％を蓄えている。

（C）海洋は二酸化炭素を30％排出している。

---

### ●ここを押さえておこう

　海洋はCO2の重要な吸収源として、また海水の温度や科学的性質、海流と生物等を通じて地球を人間が住める場所にしてくれるグローバル・システムのドライバーとして重要な役割を果たしています。

　人間の活動により、外洋の酸性化が進行し、沿岸の富栄養化が進む、そしてペットボトルやレジ袋、さらにはマイクロプラスチックによる海洋汚染など、海洋は深刻な問題を抱えています。

　SDG14「海の豊かさを守ろう」の日本の進捗状況は、SDG5「ジェンダー平等を実現しよう」とSDG15「陸の豊かさも守ろう」と共に非常に悪い状況にあります。(☞2-⑤-3) その背景には、魚の乱獲に加えて、海洋の富栄養化と汚染の問題が指摘されています。

　日本は海洋国家であり、持続可能な水産業の推進や、海洋ゴミ対策を抱える中で、日本政府は次の取り組みを実施しています。

① **「海洋と海洋資源の保全」** として、マイクロプラスチックを含む海洋プラスチックゴミ対応など海洋ゴミ対策の推進

② **「海洋と海洋資源の利用」** として、海洋・資源の持続的利用、国際的な資源管理

③ **「漁業従事者」** として、水産業・漁村の多面的機能の維持・促進

●**ターゲットを深読みする**

「ターゲットMap」を見てみましょう。SDG14は、「保全」と「利用」という、サステナブル・ディベロプメント本来の意味を受けた基本構成に、行為主体としての「漁業従事者」を加えた構成になっています。さらに、資源を海洋と海洋資源に分けて、次のようなターゲット（詳細目標）が設定されています。

① **「海洋・海洋資源の保全」** としては、「ターゲット14.1」で、海洋汚染の大幅な削減が取り上げられています。

② **「海洋・海洋資源の利用」** については、ターゲット14.6（過剰漁獲やIUU（違法・無報告・無規制）漁業につながる補助金の撤廃）

③ **「漁業従事者」** については、ターゲット14.b（小規模・沿岸零細漁業）が取り上げられています。

**SDG14「海の豊かさを守ろう」ターゲットMap**

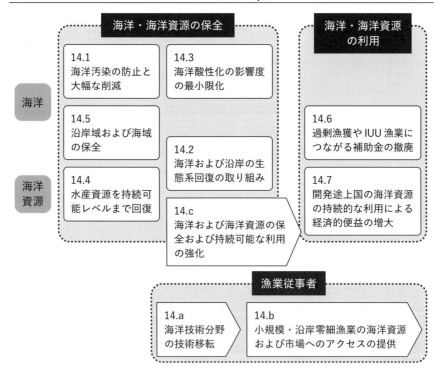

SDG14では、ターゲット10件中の5件の目標期限が、早期に設定されており（2020年までが4件、2025年までが1件）、SDG15（陸の豊かさも守ろう）と共に、他のSDGsと比較べて早期の目標が突出して多いことからその緊急度の高さが理解できます。(☞3-①-1)

●**企業が取れるアクション**

海洋生態系を保護する新製品／サービスの開発や、海洋生態系に配慮したアクティビティの実施などが考えられます。

小規模漁師セクターには、女性の漁獲と市場の作業への就業率が高いという特徴が見られます。認証やエコラベルの取得にはリソースとコスト面の課題があり、技術支援や資金提供が競争力の向上に貢献します。中堅中小企業は、ターゲット14.b（小規模・沿岸零細漁業の海洋資源および市場へのアクセスの提供）の直接の対象として取り上げられています。

SDG14に関するアクションを取る場合、経済成長やインフラ開発との間のトレードオフに留意する必要があります。

## SDG14「海の豊かさを守ろう」の達成に向けたビジネスアクション

| CSV領域 | ビジネスアクション | ケース |
|---|---|---|
| 新製品・サービスの開発 | ☑経済活動から生じる海洋生態系へのインパクトを無効にし、その再生に貢献する製品、サービス、そしてビジネスモデルを調査、開発し、展開する。 | ・パッケージングをなくして、顧客に容器を持参させる店舗を開発。(食品雑貨チェーン)<br>・CO2排出量と海洋汚染を削減するために、タンカーに帆を搭載。(船舶会社)<br>・海洋ゴミをリサイクルし3Dプリンターで製造する靴を設計。(製靴会社)<br>・付随漁獲物がゼロになる漁網を設計し販売。(漁業設備製造会社) |
| バリューチェーン／サプライチェーンの改善・改革 | ☑ビジネスおよびサプライチェーンの活動が影響を与える海洋生態系を保護する方針やプラクティスを導入する。 | ・有害な農薬に汚染された農業流去水を除去する方針を打ち出す。(農業)<br>・漁師に安定した所得を提供して乱獲を防止するために、地方漁協に出資。(シーフード会社) |
| エコシステムの構築 | ☑自然資本を的確に評価し尊重するソリューションを設計・導入し、広く普及させる。 | ・自然資本を保護するため、自然資本会計を採用し意思決定に活用。(公益企業) |

# 4 地球の領域のSDGs

# 4 SDG15：陸の豊かさも 守ろう

$\mathbf{Q}$uiz#051　SDG15のターゲットに含まれていない内容は、次のうちどれでしょうか。

（A）内陸淡水生態系の保全・回復。

（B）密猟および違法取引の撲滅。

（C）小規模食糧生産者の生産と所得の倍増。

---

## ◉ここを押さえておこう

　森林が2010年から2015年の間に、330万ヘクタール（1ヘクタールは1万平方メートル）も消失し、乾燥地の劣化による砂漠化が進むなど、重要な森林が破壊され、土地は荒廃し砂漠化が進行しています。

　また、生物の多様性は喪失へと向かっており、動物種の8％が絶滅し、22％が絶滅の危機に瀕しています。(☞1-②-3)

　SDG15「陸の豊かさも守ろう」についての日本の進捗は良いとはいえません。(☞2-⑤-3) その背景には、「ターゲット15.5」のグローバル指標として採用されている、国際自然保護連合（IUCN）が絶滅種や絶滅危惧種としている「レッドリスト指数」が非常に低いことが挙げられています。さらに、日本では高齢化による林業の衰退や、台風などの災害による被害が発生し、森林が多大な被害を受けています。

　日本政府は、「森林の経営、砂漠化、土地劣化への対応」として、

・農林水産業のイノベーションやスマート農林水産業の推進と成長産業化

・世界の持続可能な森林経営の推進

・森林の国際協力

などに取り組んでいます。

## ●ターゲットを深読みする

「ターゲットMap」を見てみましょう。SDG15の12のターゲットもSDG14と同様に、「保護・回復」と「経営・利用」という、サステナブル・ディベロプメント本来の意味を受けた基本構成になっています。

自然資源を次の3つのグループに分けての詳細目標が設定されています。

### ①森林の経営、砂漠化、土地劣化への対応
### ②陸域生態系の保護・回復、持続可能な利用
### ③生物多様性の損失阻止

SDG15では、ターゲット12件中の5件の目標期限が、早期の2020年までに設定されており、SDG14「海の豊かさを守ろう」と並んで、早期目標が他のSDGsと比較しても突出して多いことから、その緊急度の高さが理解できます。(☞3-①-1)

### SDG15「陸の豊かさも守ろう」ターゲットMap

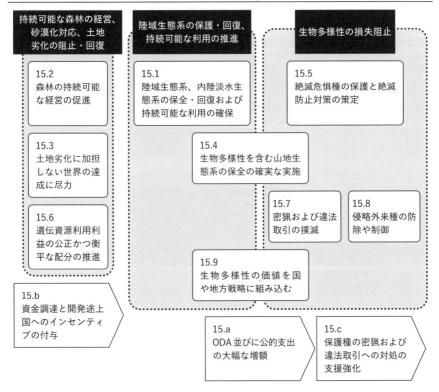

## ●企業が取れるアクション

　表に示したように、生態系を保護する、新製品／サービスの開発や、生態系に配慮したアクティビティの実施などが考えられます。

　小規模農家が、世界の農家の90％を占めています。そこで、小規模農家に農業生態系的手法を適用し、生産能力の向上と、生物多様性、土地の肥沃化、水の保護そして昆虫の生物学的管理を促進し、食品の生産をサステナブルな方向に向けることができます。

　SDG15に関するアクションを取る場合、経済成長やインフラ開発との間のトレードオフに留意する必要があります。例えば、建設会社が、プロジェクトの開発により対象となる生息地に負のインパクトを与えざるを得ない場合には、影響を受けるステークホルダーや行政と相談の上で、他の地域で同等規模の生息地を用意するという生物多様性オフセット・ポリシーを適用することなどが考えられます。

### SDG15「陸の豊かさも守ろう」の達成に向けたビジネスアクション

| CSV領域 | ビジネスアクション | ケース |
|---|---|---|
| 新製品・サービスの開発 | ☑生物分解性の製品やパッケージなど、経済活動から生じる生態系の破壊を軽減させる製品、サービス、そしてビジネスモデルを調査、開発し、展開する。 | ・生物分解性の製品および包装容器を開発。<br>・森林破壊問題に対処するため、パーム油に代わる化合物の調査を実施。（バイオテクノロジー企業） |
| バリューチェーン／サプライチェーンの改善・改革 | ☑ビジネスおよびサプライチェーンの活動が影響を与える生態系を保護する方針や実務を導入する。 | ・森や川などの自然資本の管理に従事するローカル・コミュニティを支援するプログラムを導入。（旅行会社）<br>・生物多様性オフセット・ポリシーを適用。（建設会社） |
| エコシステムの構築 | ☑生態系を認知させ、保護し、さらに開発させるためのファイナンスを活気付ける。 | ・環境ファイナンスに特化した部署を設置。（大手商業銀行） |
| | ☑自然資本を的確に評価し尊重するソリューションを設計・導入し、広く普及させる。 | ・自然資本を保護するため、自然資本会計を採用し意思決定に活用。（公益企業） |

Quizの答え　（C）……　（C）はSDG 2（飢餓をゼロに）の「ターゲット2.3」です。

140

# 1 SDG16：平和と公正をすべての人に

$\mathbf{Q}$uiz#052　SDG16のターゲットに含まれていない内容は、次のうちどれでしょうか。

（Ａ）情報への公共アクセスの確保と、基本的自由の保障。

（Ｂ）公平な多角的貿易体制の促進。

（Ｃ）子供に対するあらゆる形態の暴力および拷問の撲滅。

## ●ここを押さえておこう

SDG16「**平和と公正をすべての人に**」では、戦争に加えて、人権や児童労働や強制労働、ディーセント・ワークなどの社会課題を取り扱っており、SDGsの達成を支える礎でもあります。(☞2-①-4)

発展途上国では、児童労働や強制労働が課題になっています。このような課題を抱える中で、平和で包摂的な社会を構築するには、さらに効率的で透明な規制の設定と、包括的で現実的な政府予算を導入する必要があります。

日本政府による政策として、次の取り組みが行なわれています。

・性犯罪やセクシャル・ハラスメントなど「女性に対する暴力根絶」への取り組み

・不慮の事故、性被害の防止など「子供の安全」対策

・「マネー・ロンダリング、テロ資金供与等」への対策

出生届を導入し、国が独立性の高い人権機関を設定することが、個人の権利保護に向けた第一歩となるとされる中で、日本の出生登録制度は、ターゲット16.9（すべての人々に法的身分証明の提供）のグッドプラクティスとなっています。

SDG16が取り扱うテーマは、「ポストSDGs」を考える時に、中国による

ウイグル族に対する人権問題や、ロシアによるウクライナ侵攻など重要な
テーマのひとつとなるものと思われます。(☞4-⑤-2)

●ターゲットを深読みする

「ターゲットMap」を見てみましょう。SDG16は、次の3つのグループで
構成されています。

①「**平和で包摂的な社会の促進**」については、殺人や子供に対する暴力、
　人身売買そして性的暴力の脅威に取り組むことが重要です。「ターゲッ
　ト16.1」と「ターゲット16.2」は身体的、精神的または性的暴力を対象
　としており、SDG5（ジェンダー平等）とのつながりがあります。

②有罪判決なしに拘禁される受刑者が31％にものぼる中で、手段として
　の「**司法へのアクセスの提供**」が組み込まれています。

③「**包摂的な制度の構築**」に関して、腐敗が最も広がっている制度に司法
　と警察があります。開発途上国における贈収賄や横領、窃盗、脱税によ
　る年間被害額は、1兆2600億ドルにも及んでいます。(国連広報セン
　ター、2018年他)公的機関における意思決定（ターゲット16.7）、透明

**SDG16「平和と公正をすべての人に」ターゲット Map**

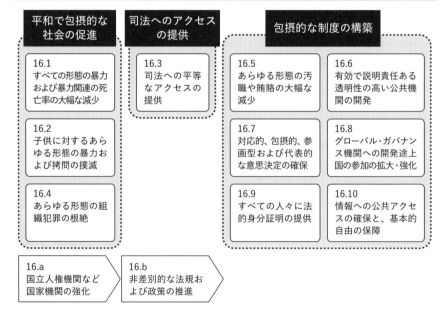

142

性ある公共機関（ターゲット16.6）、情報への公共アクセス（ターゲット16.10）などのターゲットが設けられています。

◉ **企業が取れるアクション**

表に示したように、制度構築に向けて政府や国際機関に働きかける行動を取ることと、サプライチェーンを含む課題への対応が求められています。

SDG16に関するアクションを取る場合、政府が権限を持つ項目もあり、官民の役割分担に留意する必要があります。

## SDG16「平和と公正をすべての人に」の達成に向けたビジネスアクション

| CSV領域 | ビジネスアクション | ケース |
|---|---|---|
| 新製品・サービスの開発 | ☑制度の強化並びに法の支配の尊重とサポートを強化する。 | ・オンライン上のヘイトスピーチに対応した行動規範標準を同業者と共に開発。(IT企業)<br>・法規制を整備するプロジェクトを支援するファンドを設立。(グローバル保険会社) |
| バリューチェーン／サプライチェーンの改善・改革 | ☑自社並びにサプライチェーンにおける違法行為および暴動を認識し、断固としたアクションを取る。 | ・海外工場における人権違反とその可能性を明確にするサプライチェーン・トレーサビリティ活動を実施。(繊維会社)<br>・サプライヤーと組んで、厳格な労働と環境基準を開発（宝石会社） |
| エコシステムの構築 | ☑平和と制度を構築するため、紛争並びに人道的危機の分野で、政府や国際機関と協働する。 | ・船舶の重要な割合を、ボートピープルの認識と救助に活用。(海運会社) |

# **1** SDG17：パートナーシップで目標を達成しよう

$\mathbf{Q}$uiz#053　SDG17の内容を表わす記述として、誤っているのは次のうちどれでしょうか。

（A）日本国内の官民学と市民社会のパートナーシップを中心に取り扱っている。

（B）他のSDGsと異なりターゲットのすべてが「達成手段」である。

（C）発展途上国のSDGs達成を支援するための資金をはじめとする、先進国による支援全般が取り上げられている。

---

## ●ここを押さえておこう

「2030アジェンダ」で採択されたSDGsというアグレッシブな一連の目標と行動計画を達成するには、主たる責任を持つ各国政府はもちろんのこと、民間セクター、市民社会のパートナーシップが欠かせません。SDG17のターゲットは、SDGsの他のすべての目標の達成手段（Means）であるため、他の目標と強い関係性を持っていることは、ウェディングケーキのビューでも強調されているところです。(☞2-②-1)

　SDG17「**パートナーシップで目標を達成しよう**」の日本の進捗状況は悪い状況にあります。(☞2-⑤-3) その背景には、「ターゲット17.2」の指標であるOECD／ODAによる寄与のGNI（総国家所得）に占める割合が低いことなどが挙げられます。日本のODAの予算額は、1990年代の一時期は世界一でしたが、その後の財政状況の悪化に伴って大きく低下しています。

　日本政府は次の取り組みを行なっています。

①国内については、市民社会等との連携、SDGs経営イニシアチブや、ESG投資の推進。(☞4-③-4)

②国際については、途上国のSDGs達成に貢献する企業の支援。支援するに当たっては、自立を支援すること、グローバルな不平等を助長しないこと、そして贈賄や汚職のリスクに留意する必要があるとしています。

●**ターゲットを深読みする**

「ターゲットMap」を見てみましょう。ターゲットの番号付けは、小数点以下が数字になってはいますが、SDG17が他の目標と異なる重要な特徴として、すべてのターゲットが達成手段である点に注意する必要があります。(☞3-①-1)

SDGsの前身であるMDGsは、このSDG17に相当する目標がMDG 8（開発のためのグローバルなパートナーシップの構築）でした。国際協力が得られなかったことなどにより、MDGsの8つの目標の中でパートナーシッ

## SDG17「パートナーシップで目標を達成しよう」ターゲット Map

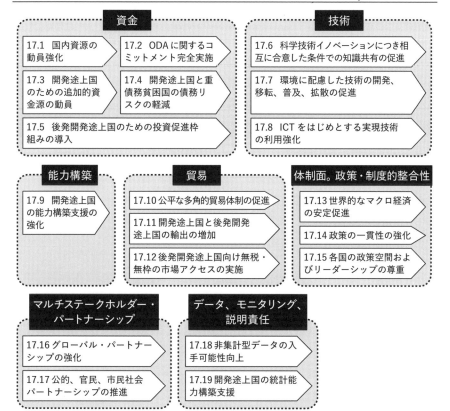

プに関するMDG 8 が最も達成度が低いという結果に終わりました。その反省からもSDGsでは、SDG17以外の個々のSDGsについては、達成手段に当たる独自のターゲットを設定し、SDG17で19件ものターゲットを設定すると共に、SDGsの目標の着実な達成を促進するよう工夫がなされたものと著者は理解しています。

SDG17では、**資金**と**貿易**に加えて、**技術**、**能力構築**、**体制面**、**パートナーシップ**、そして**モニタリング**といった新たなテーマを追加し対象領域を拡大することにより、SDGsの達成の確実性を高める努力が図られています。

日本で紹介されるSDGsのケースが関わっている目標として、「パートナーシップ」という文言だけを見てSDG17を挙げることが多いように思います。しかしながら、特に国内の産学官連携を対象としたターゲットは、SDG17の全19件のターゲットの内でターゲット17.17（官民、市民社会パートナーシップの推進）の１件のみであることに注意する必要があるでしょう。

## ●企業が取れるアクション

表に示した持続可能な開発のために、資金、技術、能力開発などのパートナーシップをリードすることなどが考えられるでしょう。

### SDG17「パートナーシップで目標を達成しよう」の達成に向けたビジネスアクション

| CSV領域 | ビジネスアクション | ケース |
|---|---|---|
| バリューチェーン／サプライチェーンの改善・改革 | ☑持続可能な開発のために、新規または既存の技術、知識そしてビジネスモデルを開発し共有するためのパートナーシップをリードする。 | ・サブサハラ地域で、同業他社、銀行そして地方政府と協力し、先端的なモバイル支払システムを構築。（通信会社）<br>・UNICEFと政府登記機関と組み、出生登録システムを設置。（通信会社） |
| エコシステムの構築 | ☑開発途上国における規定、組織そして人材の能力を構築する。 | ・アフリカ諸国における汚職に反対する企業連合を主導。（グローバル飲料会社）<br>・性別並びにジェンダーに関する保護を目的とした北米諸国の市民権法規の改正を支援する連合を組織。 |
| | ☑プライベート・セクター・ファイナンスを活気付けることにより、開発途上国における持続可能な開発のためのイニシアチブを支援する。 | ・開発途上国の数百万戸の家庭のクリーンな調理設備の提供に資金の一部を提供するグリーンファイナンスを主導。（投資銀行）<br>・UNDP（国際連合開発計画）と組んで、サブサハラ地域の５つの国で、投資家と太陽光発電関連の起業家を結び付けるクラウドファンディングのプラットフォームを支援。（投資会社） |

## 第4章

# 「サステナビリティ・マネジメント」の本質を知る

## 【背景となる理論】

## 1 SDGsの原点、「Our Common Future」

**Q**uiz#054　SDGsが取り扱うサステナブル・ディベロプメントの提案
が、国連で最初に取り上げられたのは、いつのことでしょうか。

（A）1987年……「Our Common Future」が報告された年。

（B）2000年……MDGs（ミレニアム開発目標）が決議された年。

（C）2015年……SDGsが決議された年。

---

◉ **「サステナブル・ディベロプメント」の本来の意味**

　企業が10年先を見据えた長期経営計画を今から策定する場合、SDGsが
目標年とする2030年より先を想定する必要があります。また、「普遍的
（Universal）」な特徴を持つSDGsを、ビジネスを営む業種や地域によって
カスタマイズする必要性も生じてきます。その場合に、第2章と第3章で
検討したSDGs自体の理解に加えて、SDGsの「SD」つまり「サステナブル・
ディベロプメント」の本来の意味を理解していなければ、方向を見誤って
しまうことにもなりかねません。

◉ **原点としての「Our Common Future」**

　「**サステナブル・ディベロプメント（Sustainable Development：持続
可能な開発）**」の意味を確認するため、この概念が国連で取り上げられた
経緯をひもといてみることにしましょう。図に示したように、サステナブ
ル・ディベロプメントは、ノルウェーの元首相であったグロ・ハーレム・
ブルントラント氏が委員長を務めた国連の「環境と開発に関する世界委員
会（ブルントラント委員会）」が、1987年4月に提出し採択された報告書
「**Our Common Future**」で提唱された概念とされています。環境と開発
は互いに相反するものではなく共存し得るのもとして捉え、「環境保全を
考慮した節度ある開発が重要」との考えに立つ内容で、いわば、当時、開

発を急ぎたい「発展途上国」と、環境保全に軸足を移すべきだとする「先
進国」との間の意見調整の落としどころを示したものでした。

### ●「誰一人取り残さない」の真意

　同報告書では、サステナブル・ディベロプメントの定義は、次の2つの
キーとなる概念を含んでいます。

①「ニーズ」の概念（**the concept of 'needs'**）、とりわけ何にも増して
　優先されるべき世界の貧しい人々にとっての基本的なニーズ。

②技術と社会的組織のあり方によって規定される、現在および将来の世代
　のニーズを満たせるだけの**環境能力の限界についての概念（the idea
　of limitations）**。

　つまり、誰一人取り残さない(No one left behind)という考え方について、
現在（国並びに地域、そして個人間の不平等）に加えて、現在（現世代）
と将来（次世代）を、という2つの軸を強調する形になっています。

　この「Our Common Future」におけるサステナブル・ディベロプメントの提
案は、その後のMDGs(ミレニアム開発目標、2001年〜2015年)、そしてSDGs(持
続可能な開発目標、2016年〜2030年）へと受け継がれることになります。

### 「持続可能な開発（SD)」から「SDGs」への系譜

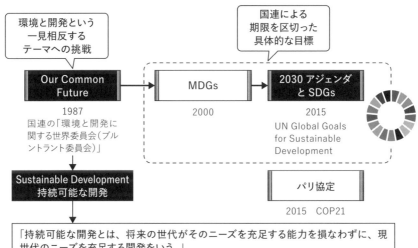

## 2 本来の「持続可能」の意味を 考える

**Q**uiz#055 「サステナブル（持続可能）な鯛焼き」の意味として、正しいものは次のうちどれでしょうか。

（A）温かさが「持続する」鯛焼き。

（B）無農薬で地元の食材にこだわった鯛焼き。

（C）店の経営に「継続して」貢献しているロングセラーの鯛焼き。

### ●誤解が多い「サステナブル・ディベロプメント」

このテーマは、充分な定義をしないままに、曖昧な使われ方が横行しています。前項で取り上げた、SDGsの原点となる「ブルントラント委員会」の設立と提案の主旨は「環境と開発は互いに反するものではなく共存し得るのもとして捉え、環境保全を考慮した節度ある開発が重要である」というものでした。この考え方からすれば自明なことですが、重要なのはサステナビリティ（持続可能性）とディベロプメント（開発または発展）との調和であって、開発そのものの持続可能性ではないことに注意する必要があります。

「サステナブル」という形容詞は、環境や社会にかかるものであり、ディベロプメントにかかるものではないということです。

クイズに示した「鯛焼き」の例では、選択肢である（A）は製品としての鯛焼きそのものの機能であり、（C）は人気の鯛焼きがもたらす店のビジネスの維持繁栄を示しています。（B）は環境と社会への配慮を意味しており、「サステナブル・ディベロプメント」の考えに即したものといえます。

### ●サステナブル○○

この捉え方は、次の用語にも共通して適用できます。

①**サステナブル・ファッション**：自然素材を使い、労働環境に配慮し、結果として長く使われることになるファッション。

②**サステナブル・フード**：鯛焼きの例にあるように、食材、自然環境、食品ロス、労働環境に配慮した食品。

③**サステナブル・シティ**：街自体の存続ではなく、環境や社会に配慮した街。（☞3-③-5）

④**サステナブル・ビジネスモデル**：競争優位が持続するビジネスモデルではなく、サーキュラーエコノミーなど環境と社会に配慮したビジネスモデル（☞**第7章**）

◉**「2030アジェンダ」における対象の拡大**

「Our Common Future」では、環境が前面に出ていますが、「2030アジェンダ」では、広く環境に加えて社会がサステナビリティの対象になっています。

## 「持続可能な開発」の意味とSDGs

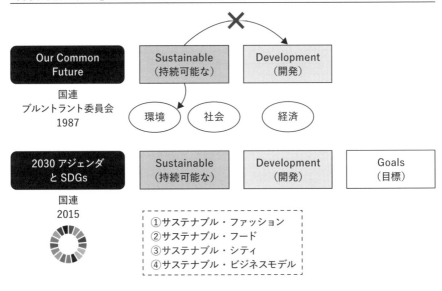

# 3 サステナビリティと レジリエンスの関係

**Q**uiz#056　サステナビリティに加えて、レジリエンスの重要性が高まっています。レジリエンスに関する記述として、誤っているのは次のうちどれでしょうか。

（A）気候変動、自然災害などの環境変化への対応力。

（B）信頼、評判など社会のレピュテーションへの対応力。

（C）レジリエンスは「2030アジェンダ」では未だ取り上げられてはいない。

## ●サステナビリティとレジリエント

> 我々は、世界を持続的かつ<u>強靱（レジリエント）</u>な道筋に移行させるために緊急に必要な、大胆かつ変革的な手段をとることを決意している。我々はこの共同の旅路に乗り出すにあたり、誰一人取り残さないことを誓う。

　この文章は「2030アジェンダ」の前文の2段落目に掲載された一節です（下線は著者による）。(☞**2-①-2**) ここでも、サステナビリティとレジリエントを明確に区別して使用していることが確認できます。

　サステナビリティについては、前の2項で取り上げているので、本項ではレジリエンスを中心に検討することにしましょう。

## ●ビジネスにおけるレジリエンスの意味

　右ページ下表ではレジリエンス（強靱さ）という用語について紹介しています。

　レジリエントは、本来物理学の用語で、負荷がかかってゆがんだものを跳ね返す力を意味しています。それが、心理学の領域でも参照されて、状況に準じて生き抜く回復力として用いられるようになりました。そして、2013年開催に開催された世界経済フォーラム（ダボス会議）で、「逆境に

おけるリーダーシップ」、「経済のダイナミズムの復活」、そして「社会のレジリエンスの強化」という3つのテーマからなる「レジリエント・ダイナミズム」が議論されたことをきっかけに、ビジネスの領域でも取り上げられるようになりました。

図に示したダイアグラムは、【1-①-4】で紹介した「エスカルゴ・ダイアグラム」です。ダイアグラム上では、カタツムリの殻の上半分がレジリエンスの説明に用いられる領域です。

人間の社会・経済活動、特に産業革命以降の活動（☞1-①-2）が、地球と社会のサステナビリティに大きな負のインパクトを与え続けており、その積み重なった負債は、「エスカルゴ・ダイアグラム」が表わしているように、下から上へとカタツムリの速度で着実に進み、しっぺ返しのように社会と経済（企業）に甚大なインパクトを与えています。これに対処するために、レジリエンスを高めていくことが求められているのです。

**レジリエンスの意味**

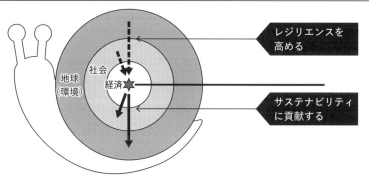

| 物理学 | 心理学 | ビジネス |
|---|---|---|
| ・負荷がかかってゆがんだものを跳ね返す力<br>弾力、回復力、復元力 | ・精神的な回復力<br>・状況に準じて生き抜く回復力 | ・リスク対応能力<br>・危機管理能力<br>・異常気象、地震、テロ、地政学的リスク、コンプライアンス違反などへの対応 |
| － | ＊ホロコーストで生まれた孤児への追跡調査がきっかけとされる。<br>＊過去のトラウマや恐怖の記憶からの立ち直り。 | ＊2013年開催の世界経済フォーラム（ダボス会議）のテーマに取り上げられる。<br>＊日本の国土強靱化計画策定の契機となった。 |

# 2

# 1

# 経済成長のみを目指すのはもう古い!? 「ドーナツ・エコノミクス」

**Q**uiz#057　ドーナツ・エコノミクスの意味として、正しいものは次のうちどれでしょうか。

（A）有機栽培など食材に配慮した健康経営を支える経済学。

（B）流通段階や家庭における食品ロスの削減を目指す経済学。

（C）地球の限りある資源の範囲内で生活することを目指す経済学。

## ●「ドーナツ・エコノミクス」が示す人類の生存領域と処方箋

　サステナビリティに関する理解と実践について提示しているのが、ケイト・ラワースが提唱する「**ドーナツ・エコノミクス（ドーナツ経済学）**」です。

　ラワースは、GDP（国内総生産）を増やすことを目標としてきた20世紀の経済学から、地球の限りある資源の範囲内で生活することに方針を転換するべきであるとし、図に示したように、社会と環境（地球）をドーナツの内と外の限界線として、その中を「人類にとって安全で公正な領域」としています。

## ●環境的な上限（ドーナツの外側の境界線）

　これ以上に地球に負荷をかけてはならない線、つまり「環境的な上限」を示しています。図の左側に示したように、ラワースは、その構成要素としてプラネタリーバウンダリーの9つの要素を参照し、設定したとしています。SDGsの関連する17の目標でいえば著者の認識では、環境関連の目標（SDG12からSDG15）が該当し、それらのうちSDG12（責任）を除いた上で、SDG3（健康）とSDG11（まち）が含まれています。

## ●社会的な土台（ドーナツの内側の境界線）

　これ以下に誰も落ちてはいけない線、つまり「社会的な土台」を示して

います。図の右側に示したように、ラワースはSDGsを参照して、11の構成要素を設定しています。SDGsとの関連でいえば、著者の認識では、社会関連の目標（SDG 1 からSDG 6）にSDG 7（エネルギー）、SDG 8（働きがい）、そしてSDG10（不平等）とSDG16（平和）が追加されています。

ドーナツ・エコノミクスに類似した概念として、プラネタリーバウンダリーの提唱者であるロックストローム他がSDGsの17の目標を、環境、社会そして経済の三層に再構成した「SDGsのウェディングケーキのビュー」があります（☞2-②-1）。そこでは、「経済」は「社会」に、「社会」は「（自然）環境」に支えられて成り立つとしています。

## 「ドーナツ・エコノミクス」を構成する基本要素

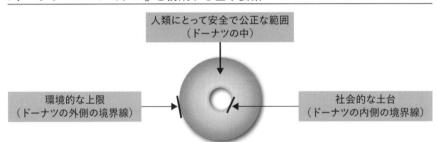

| 環境的な上限 | 関連する<br>SDGs（著者） |
|---|---|
| ①気候変動 | 13 |
| ②海洋酸性化 | 14 |
| ③化学物質汚染 | 14 |
| ④窒素及び燐酸肥料の投与 | 14 |
| ⑤取水 | 14 |
| ⑥土地変換 | 14 |
| ⑦生物多様性の喪失 | 14、15 |
| ⑧大気汚染 | 3.9、11.6 |
| ⑨オゾン層の減少 | 13 |

| 社会的な土台 | 関連する<br>SDGs（著者） |
|---|---|
| ①水 | 6 |
| ②食糧 | 2 |
| ③健康 | 3 |
| ④教育 | 4 |
| ⑤所得と仕事 | 1、8 |
| ⑥平和と正義 | 16 |
| ⑦政治的発言力 | 5、10、16 |
| ⑧社会的平等 | 10 |
| ⑨男女の平等 | 5 |
| ⑩住居 | 11 |
| ⑪ネットワークエネルギー | 7 |

参照：ケイト・ラワース『ドーナツ経済学が世界を救う』2018を参照し作図。「関連するSDGs」については著者の判断により付記。

# 2 生存をかけてドーナツの中に留まるには

**Q**uiz#058　ドーナツの中に留まるための方策として、誤っているのは
次のうちどれでしょうか。

（A）人口の規模を安定させる。

（B）市場経済に任せる。

（C）ライフスタイルを改善する。

◉ドーナツの中に留まるには

　ドーナツ・エコノミクスの提唱者であるラワースは、ドーナツの環境的
上限と社会的土台を設定し、人類が安全で公正な範囲として「ドーナツの
中」を示した上で、ドーナツの中に留まる5つの決定要因（主として政策
レベル）を指摘しています。表はこれをまとめたもので、右端に関連する
SDGsを付記してあります。

◉ドーナツの中に留まる5つの決定要因

①**人口の安定**：私たちが直面しているグローバル課題の根本的な要因が人
口問題にあることは、【1-①-3】人口問題の項で説明した通りです。そ
の対策として、女性が子供の数をコントロールできるようにすることが
含まれます。

②**分配の平等**：【4-③-1】のステークホルダー資本主義の項で取り上げて
いるように、極端な株主資本主義が生み出した弊害として、極端な所得
の不平等や、温室効果ガス排出量の増加、飢餓の存在と食品ロスの発生
といった食料消費量のかたよりが浮き彫りになっており、分配の重要性
が増してきています。

③**物欲のコントロール**：産業革命がもたらした大量生産、大量消費、大量
廃棄の習慣を改めるべく、一人ひとりのライフスタイルの改善が求めら

れています。

④**テクノロジーの選択**：SDGsの性質のひとつに「変革的」である点があります。(☞2-①-3) この変革的なアグレッシブな目標を達成するためには、ICT（情報通信技術）を含めた技術革新が欠かせません。その意味で、【7-①-4】のデジタル・トランスフォーメーション（DX）の導入が求められています。

⑤**ガバナンスの構築**：トランスフォーメーションを的確な方向へと導くために、街や都市から、国や地域や地球規模までの各レベルで、有効なガバナンスの仕組みの構築が求められています。

## ドーナツの中に留まるための5つの決定要因（主として政策レベル）

| 5つの決定要因 | コメント | 関連するSDGs（著者） |
|---|---|---|
| ①人口の安定 | ・人口の規模を安定させる。<br>・世界人口の増加率は1971年を境に急激に低下。<br>・人口の増加率の低下の要因は、飢餓、疾病や戦争により、女性が子供の数をコントロールできるようになったことによる。 | SDG 3 （母体、乳児や子供の医療）<br>SDG 4 （女子の教育）<br>SDG 5 と10（女性の権利拡大） |
| ②分配の平等 | ・極端な所得の不平等。<br>・温室効果ガス排出量、食料消費量（飢餓と食品ロス）のかたより。 | SDG10 （不平等）<br>SDG12 （食品ロス） |
| ③物欲のコントロール | ・都市生活者の割合の増加（2009年過半数、2050年までに70％に達する予想）。<br>・ライフスタイルの改善。 | SDG12 （つかう責任） |
| ④テクノロジーの選択 | ・住宅、移動手段、水・衛生、食糧、エネルギー、雇用機会を支えるテクノロジー。 | SDG 2 （食糧）<br>SDG 6 （水・衛生）<br>SDG 7 （エネルギー）<br>SDG 8 （雇用機会）<br>SDG11 （住宅、移動手段） |
| ⑤ガバナンスの構築 | ・町や都市から、国や地域や地球規模まで。<br>・環境、食糧、水、エネルギーの複雑なつながり。<br>・不測の事態に素早く対応し、新規テクノロジーを取り扱う。 | SDG 2 （食糧）<br>SDG 6 （水・衛生）<br>SDG 7 （エネルギー）<br>SDG 9 （イノベーション） |

参照：ケイト・ラワース『ドーナツ経済学が世界を救う』2018を参照して作成。「関連するSDGs」については著者の判断により付記。

環境と社会があってこその経済
ドーナツ・エコノミクス

# ドーナツの中に留まるための「7つの思考法」

$\mathbf{Q}$uiz#059　ドーナツの中に留まるための思考法として、的確でないものは次のうちどれでしょうか。

（A）GDP（国内総生産）を中心に据えた思考法。

（B）経済は社会や自然の中にあるというサステナブルな思考法。

（C）ダイナミックで複雑な時代に対応するシステム思考。

## ◉ドーナツ・エコノミクス「7つの思考法」

　ドーナツの中に留まり続けるためには、経済人としての私たちの思考法を変換する必要があります。ラワースは、下記のドーナツ・エコノミクス「7つの思考法」を提示しました。表の左端は、伝統的な「20世紀の経済学」の思考法、右にドーナツ・エコノミクスの思考法を比較対照させるようにまとめてあります。さらに右端に、企業としてのビジネス・コンセプトを付記しておきました。

①**目標を変える**：GDP（国内総生産）から、地球の限りある資源の範囲内での生活へとシフトする。

②**全体を見る**：市場がすべてを決めるという優位性から、経済は社会や自然の中にあるというサステナビリティへシフトする。

③**システムに精通する**：ダイナミックで複雑な時代にあって、システム思考の重要性が高まる。

④**人間性を育む**：自然の征服者から社会的適応人へとシフトする。

⑤**環境再生を創造する**：初めは環境汚染が悪化するが、やがて収まり最終的には成長によって一掃されるとするクズネッツ曲線から、サーキュラーエコノミーへシフトする。

⑥**成長にこだわらない**：成長依存から成長しなくても繁栄（Thrive）をも

たらす経済へシフトする。

⑦ **分配を設計する**：格差が広がっても再び成長は上向くから、設計による
　分配へシフトする。これはステークホルダー資本主義などの提唱と符合
　します。

（注）７つの思考法の番号付けは、分類の順に合わせて著者が編集しまし
　た。

### ドーナツ・エコノミクスの「７つの思考法」

| 20世紀の経済学 | 分類／７つの思考法 | 21世紀の経済学 ドーナツ・エコノミクス | 企業の対応 （著者付記） |
|---|---|---|---|
| | 1）目標 | | |
| GDP（国内総生産）に固執 | ①目標を変える | ドーナツ ・地球の限りある資源の範囲内での生活 | ・パーパス （☞4-③-2） |
| | 2）思考法 | | |
| 完結した市場 ・フロー循環図 ・市場の優位性 | ②全体を見る | 組み込み型社会 ・経済は社会や自然の中にある | ・システム思考 ・サステナビリティ （☞4-①-3） ・ウェディングケーキ （☞2-②-1） |
| 機械的均衡 | ③システムに精通する | ダイナミックな複雑さ | ・システム思考 |
| | 3）環境志向 | | |
| 合理的経済人 ・自然の征服者 | ④人間性を育む | 社会的適応人 ・生命の世界に依存 | ・良き市民 ・CSR（☞4-③-3） |
| 成長で再びきれいになる ・クズネッツ曲線（初めは環境汚染が悪化するが、やがて収まり、最終的には成長によって一掃される） | ⑤環境再生を創造する | 設計による環境再生 ・サーキュラーエコノミー | ・サーキュラーエコノミー（バタフライ・ダイアグラム）（☞4-④-2） |
| | 4）成長と分配 | | |
| 成長依存 ・経済成長（Growth）が不可欠 | ⑥成長にこだわらない | 成長にこだわらない ・成長しなくても、繁栄（Thrive）をもたらす経済 | —— |
| 再び成長は上向く ・クズネッツ曲線（初めは不平等が拡大するが、やがて縮小に転じ、最終的には成長によって解消される） | ⑦分配を設計する | 設計による分配 ・フローのネットワーク図 ・富の再配分 | ・ステークホルダー資本主義（☞4-③-1） |

参照：ケイト・ラワース『ドーナツ経済学が世界を救う』2018を参照し、加筆・編集。

Quizの答え　（A）

# 3

儲けと社会貢献の両立を達成する
パーパスとCSV

# 1 株主重視の資本主義から ステークホルダー資本主義へ

**Q**uiz#060　上位10％の富裕層の所得が世界全体の所得に占める割合として、正しい数値は次のうちどれでしょうか。

（A）約36％　　（B）約44.9％　　（C）約52％

## ●株主資本主義への反省

ミルトン・フリードマンが提唱した「**株主資本主義（Shareholder Capitalism)**」は、株主の利益が他のステークホルダーよりも支配的な資本主義を指します。

ビジネスの社会的責任とは、利益を最大化することにあり、短期的な利益の最大化が最上位の最善であるとする考え方でした。

この新自由主義的な考えは、グローバル化によって、従業員の組合の弱体化、各国政府の調整力の低下などを引き起こしました。それはやがて格差問題を生み、社会的不満や紛争勃発、難民問題など、SDGsにも少なからぬ負のインパクトを与えています。そして、株主資本主義の限界が指摘されるゆえんのひとつになっています。

## ●国家資本主義の台頭

シンガポール、中国そしてベトナムをはじめとする新興国を成長へと導いた資本主義システムが、「国家」を重要なステークホルダーと位置付ける「**国家資本主義（State Capitalism)**」です。国家は、資源と機会の配分、インフラストラクチャー、研究開発、教育そしてヘルスケアなどにより経済を主導し、社会的な利益を保障する一方で、チェックアンドバランスに欠く面があります。

## ●ステークホルダー資本主義

これらに対する新たな選択肢として、クラウス・シュワブが提唱した

「**ステークホルダー資本主義（Stakeholder Capitalism）**」では、すべてのステークホルダーが等しく重要であり、意思決定に影響を与えることができます。チェックアンドバランスを効かせることが可能で、社会の目標は人間と地球の幸福の増大にあり、会社は長期的な価値創造とESG評価に焦点を当てるべきであるとしています。

　岸田政権が2022年6月にまとめた「新しい資本主義計画」は、公共や公益、格差是正、分配への配慮など、ステークホルダー資本主義に近いシステムであるといえます。

**株主、ステークホルダーそして国家資本主義の比較**

| 資本主義の<br>タイプ<br>項目 | 株主資本主義 | 国家資本主義 | ステークホルダー<br>資本主義 |
|---|---|---|---|
| 重要なステークホルダー | 会社の株主 | 政府 | すべてのステークホルダーが等しく重要 |
| 重要な特徴 | ビジネスの社会的責任とは、利益を最大化することにある | 政府が経済を先導し、必要ならば介入できる | 社会の目標は、人間と地球の幸福の増大にある |
| 会社にとっての意味 | 短期的な利益の最大化が最上位の最善である | ビジネスの関心は、政府の関心に従う | 長期的な価値創造とESG評価に焦点を当てる |
| 提唱者 | Milton Friedman（'70） | － | Klaus Schwab（'71）<br>〈Davos Manifesto〉<br>（'73） |

出典：K. Schwab , P. Vanham "What is difference between stakeholder capitalism, shareholder capitalism and state capitalism?"2021, World Economic Forum を翻訳し編集

## 2 環境と社会価値への貢献を表明する「パーパス」

**Q**uiz#061　日本企業の中でも「パーパス」を定めて、環境と社会価値
への貢献を表明する企業が出てきていますが、従来使われていたパー
パスの意味に近い用語はどれでしょうか。

（A）ミッション（使命・存在理由）

（B）ビジョン（将来像）

（C）ストラテジー（戦略）

### ●パーパスを問い直す

　ミッション、ビジョン、戦略などは、元々決まった定義が存在せず、さまざまな理論があり曖昧な領域です。そこに新たに登場した「**パーパス**」という言葉については、従来から使われてきた「ミッション」との違いが必ずしも明確ではないとも感じる読者も多いと察します。

### ●ミッションの定義を再確認する

　そこでまず、**ミッション**の定義を再確認してみることにしよう。ポール・R. ニーブンは次のようにまとめています。

> ミッション・ステートメントは、組織がなぜ存在しているのかという、組織の中核目的を明確にする。ミッションは、単に株主の富の増大を超えて、組織のレーゾンディトール（存在理由）を検討し、会社の業務に従事する従業員の動機付けに影響を与える。

### ●パーパスとは

　パーパス（Purpose）はミッション同様に存在意義・存在理由と訳されます。戦略マネジメントにおける位置付けと意味は、ミッションと大きな違いはないように思えます。

　パーパスの先進企業とされるユニリーバのケースで確認してみることに

しましょう。図に示すように、ユニリーバは創業当時からミッションを明確にして戦略に落とし込んできましたが、2010年に策定された長期計画「サステナブル・リビング・プラン」で「サステナビリティを暮らしの『あたりまえ』に」をパーパスとして再設定しています。従来のミッションと比較すると、「パーパス」とは環境と社会への配慮がより強調され、トリプル・ボトムライン (☞4-③-3) が意識された「ミッション」を指す用語であると解釈できます。

● Bコーポレーションとパブリック・ベネフィット・コーポレーション

　パーパスに関連して、いくつかの会社形態が注目されています。「**Bコーポレーション（B-Corp）**」は、環境と社会に配慮したビジネス活動を行なっており、報告責任や透明性などの基準を満たした企業に与えられる米国のNPOのB Labが運営している認定制度です。また岸田政権が掲げる「新しい資本主義」では、米国の**パブリック・ベネフィット・コーポレーション（PBC）** などを参考にして、社会課題の解決を事業目的とする会社形態の創設が検討されています。

## ミッションとパーパス (ユニリーバの例)

| | ミッション（Mission）使命 | VS. | パーパス（Purpose）存在意義 |
|---|---|---|---|

| ユニリーバのケース | | | |
|---|---|---|---|
| ステートメント | 「人々の健康を守る」 | | 「サステナビリティを暮らしの『あたりまえ』に」 |
| 時期 | 1880年代創業時「サンライト」石鹸 | ➡ | 2010年「サステナブル・リビング・プラン」策定時 |
| 強調されている要素 | （社会）人々の健康を守る | | （社会）すこやかな暮らし（環境）環境負荷の削減（経済）経済発展 |

# 3 「CSV経営」とSDGsには親和性がある

**Quiz#062** CSV（共通価値の創造）に関する次の記述として、誤っているのは次のうちどれでしょうか。

（A）シェアードバリューは、製品／サービスの提供により生まれる。

（B）調達・生産・販売・物流などのバリューチェーン活動がシェアードバリューに影響を与えることはない。

（C）CSVの考え方は、トリプル・ボトムラインや「2030アジェンダ」の経済・社会・環境の3つの側面に通じるところがある。

## ●TBL、CSRそしてCSVの関係

図に示した類似する3つの概念を確認しておくことにしましょう。

①**TBL（トリプル・ボトムライン：Triple Bottom Line）**：ジョン・エルキントンが1997年に提唱した概念。企業活動が持続可能であるためには、経済的側面に加えて、社会的、環境的側面も重要であるとする考え方で、SDGsの3つの側面 (☞2-①-3) を端的に表現しているといえます。

②**CSR（企業の社会的責任：Corporate Social Responsibility）**：企業は社会的な存在であり、利潤や経済的効率だけを追求するものではないとする考え方。次のCSVと対比させるため、企業が主要活動以外で行なう社会貢献活動として捉える場合が多いです。

③**CSV（共通価値の創造：Creating Shared Values）**：マイケル・ポーターとマーク・クラマーが2006年と2011年に提唱した概念であり、営利企業がその本業を通じて社会のニーズや問題の解決と、企業の経済的価値を共に追求し、かつその両者の間に相乗効果を生み出そうという考え方。企業がその主たる活動を通じてSDGsの達成に貢献するという意味において、SDGsへの貢献を経営戦略に組み込むこととの親和性が高

いと著者は考えています。

「2030アジェンダ」とSDGsが主張する経済・社会・環境の3つの側面を調和させるという原則は、ポーター等が提唱する「CSV」の考え方と通じるものがあります。

●共通価値を創造する3つのレベル

ポーターらは、CSVでは図の下部に示したように次の3つのレベルで価値が創造されるとしています。

①**SDGsに貢献する製品／サービスの開発**：特に脆弱なグループのニーズを満たし、生活の向上を狙った商品やサービスを創造し流通させる。

②**バリューチェーン／サプライチェーンの改善・改革**：自社ビジネス並びにサプライチェーンにわたるすべての従業員に一定水準の仕事環境を確保する。

③**地域エコシステム（生態系）の構築**：企業が拠点を置く地域を支援する産業クラスター（集積）をつくる。

この3つのレベルについては、**戦略マップ（CSV版）**の**【6-1】**節で詳しく取り上げています。

**TBL、CSRとCSVの関係**

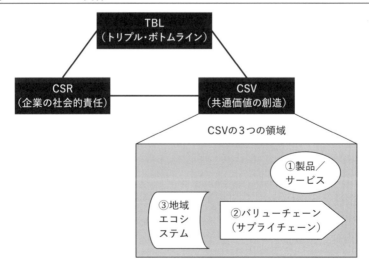

儲けと社会貢献の両立を達成する
パーパスとCSV

# ④「ESG投資」の広まり

**Q**uiz#063　ESG投資に関する説明として、誤っているのは次のうちどれでしょうか。

（A）ESG投資は、従来の利益に変えてESG要素を投資判断とする。

（B）ESG投資ファンドは、エネルギー産業や兵器産業からダイベストメント（投資撤退）するケースがある。

（C）機関投資家を対象とする国連の関連機関によるイニシアチブが存在する。

## ●ESG（環境・社会・ガバナンス）投資

ESGとは、**Environment, Social and Governance（環境、社会およびガバナンス）**の略です。ESG要因もしくはESG要素と呼ばれるESGに関する情報を、投資分析と意思決定のプロセスに適切に組み込んだ投資のことをESG投資と呼んでいます。

**PRI（Principles for Responsible Investment：責任投資原則）**の主導により、年金基金などのアセット・オーナー等の機関投資家に急速に受け入れられるようになったコンセプトです。

## ●PRIへの署名機関の増大

PRIは、コフィー・アナン第7代国連事務総長の提唱のもと2006年に発表された、国連環境計画・金融イニシアチブ（UNEP FI）と国連グローバルコンパクト（UNGC）のパートナーシップによる投資家イニシアチブです。

機関投資家を対象に、ESG課題の投資への影響を理解し、PRIへの署名機関がESG要因を投資および株主所有者の意思決定に組み込むための支援を提供することを目的とした枠組みです。

日本では、年金積立金管理運用独立行政法人（GPIF）が2015年9月に
PRIに署名して以来、注目が集まっています。

　PRIへの署名機関の数は、世界で4,979機関、日本でも117機関に及んで
います。（2022年6月3日現在）

## ●ESGとSDGsの関係

　図は、SDGsの三側面とESGの要素の関係を表わしたものです。ESG投
資家は、利回り（EconomicまたはFinancial）に加えて、環境と社会とそ
れを支えるガバナンスを評価しています。

## ●ESG投資の伸びと環境整備

　日本株の運用残高全体に占めるESG投資残高の割合は、およそ7割にま
で拡大（2022年1月）する中で、環境の整備が進められています。

　・ESG格付け機関に対する行動規範の整備
　・ISSB（国際サステナビリティ基準審議会）をはじめとする開示基準
　　の国際的な統一の動き（☞6-③-4）

## ESG投資とインベストメント・チェーン

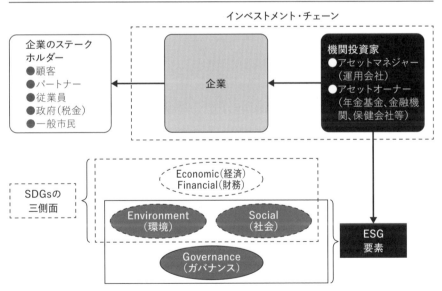

# プラスチックから「3R」について考える

**Q**uiz#064　リサイクルの優先順位を示す「3R（スリーアール）」の中で、優先順位が最も高い項目はどれでしょうか。

（A）リデュース（Reduce：廃棄物の発生抑制）

（B）リユース（Reuse：資源や製品の再利用）

（C）リサイクル（Recycle：再生利用）

---

#### ●レジ袋有料化の真意

　2020年7月からレジ袋の有料化がスタートしました。巷では、COVID-19（新型コロナウイルス感染症）下でエコバックは不衛生だ、海洋ゴミに占めるレジ袋の割合は僅少だ、ある自治体ではゴミ袋として二次利用可能なのにストックがなくなった、という声も聞こえてきました。では、レジ袋有料化の真の狙いはどこにあるのでしょうか。

#### ●プラスチックの功罪

　プラスチックは、柔軟性や耐久性に富む低コストな資材として、家庭用品や家電、自動車などの製品に加え、軽量化による物流の効率化、保存期間の延長による食品ロスの軽減などへの貢献から包装容器としても重宝され、今日の経済成長を支えてきました。ところが近年は、クジラの胃からポリ袋が見つかり、海ガメの顔にストローが刺さるなどプラゴミによる海洋汚染問題がクローズアップされています。日本は有料化の当時、プラスチック生産量で世界第3位、一人当たり容器包装プラゴミ発生量で世界第2位とされていたため、その責任は重大です。

　プラスチックは自然分解されることなく、数年から数百年も存在し続けます。また、波や紫外線で分解された直径5㎜以下のマイクロプラスチックには化学物質が付着し、魚類の食物連鎖を経て人類の健康までもおびや

かすとの指摘もあります。

## ●プラスチックのライフサイクル

　レジ袋の有料化とプラゴミ問題を理解するには、図に示すプラスチックのライフサイクル全体に目を向ける必要があります。①化石燃料の消費、②使い捨てを前提に短期間での処分、③ポイ捨てによる河川・海洋への流出、④日本が60％近くを「サーマルリサイクル」（焼却し熱エネルギーを回収）に依存していることよるCO2（二酸化炭素）の排出、⑤資源ゴミとして途上国へ輸出、といった課題が浮かび上がってきます。

　今まさに「サーキュラーエコノミー（循環経済）」(☞4-④-2) への移行が求められています。その基本は、（A）**リデュース**（廃棄物の発生抑制）、（B）**リユース**（製品の再利用）、（C）**リサイクル**（資源の再生利用）の頭文字を取った造語「**3R**」の実践です。中でも重要なのが（A）リデュース」、つまり元を絶つことです。

　レジ袋のインパクトは小さいものの、日常を通じて消費者の意識を変える第一歩となることが期待されます。

## プラスチックのライフサイクルと3R

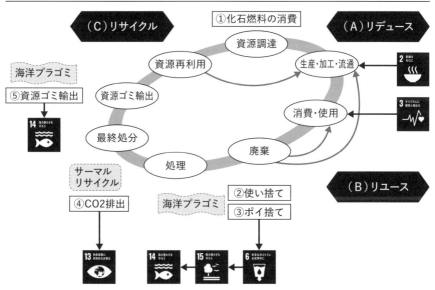

**2**

# リニアエコノミーから
# サーキュラーエコノミーへ

**Q**uiz#065　サーキュラーエコノミーの原則に相反すると思われる項目
　　は次のうちどれでしょうか。

（A）ゴミを出さない設計

（B）品種を絞り込んだ生産効率の高い大量生産

（C）製品の長期間にわたる使用

---

◉**サーキュラーエコノミー**

　**サーキュラーエコノミー**（**循環経済**）は、大量生産、大量消費、大量廃
棄を前提とした**リニアエコノミー**（**直線的経済**）への反省から生まれた概
念で、著者はSDGs達成の鍵を握るビジネスモデルがこのサーキュラーエ
コノミーであると考えています。

　エレン・マッカーサー財団は、サーキュラーエコノミーには次の3つの
原則があるとしています。

①ゴミを出さない設計をする

②製品と材料を捨てずになるべく長い期間使い続ける

③自然の中にはゴミという概念がないという「自然の仕組み」から発想す
　る

◉**バタフライ・ダイアグラム**

　図は、エレン・マッカーサー財団によるバリューサイクルまたは「**バタ
フライ・ダイアグラム**」と呼ばれている図です。

　サーキュラーエコノミーを図解する場合には、【☞4-④-1】で掲載した
図でも採用した循環するひとつのループを用いて表現する場合が多いので
すが、この「バタフライ・ダイアグラム」は、中央には、資源の採掘から
廃棄に至るリニアエコノミーを示し、資源を「再生可能な自然資源（左の

ループ)」と、「有限で枯渇する資源（右のループ）」に分けて表わしている点に特徴があります。

　左右のループは中央に近いほど製品の価値がそのまま高く保たれていることを表わし、「3R」(☞4-④-1) の中でも優先順位が低いリサイクルは外側に描かれています。例えば右のループでは、シェア、修理／延長、再利用／再配分、刷新／再生産、リサイクルと外側に行くほど新たなエネルギーが必要になります。

### ●サーキュラーエコノミーと3R

　サーキュラーエコノミーは、単に廃棄物のリデュース（Reduce：発生抑制）、資源や製品のリユース（Reuse：再利用）、そしてリサイクル（Recycle：再生利用）のいわゆる「3R」に限定されることなく、第7章で詳しく紹介するように、シェア、サブスクリプションなどの他の「**サステナブル・ビジネスモデル**」のパターンを包含する広いコンセプトであることが確認できます。

### サーキュラーエコノミーのバタフライ・ダイアグラム

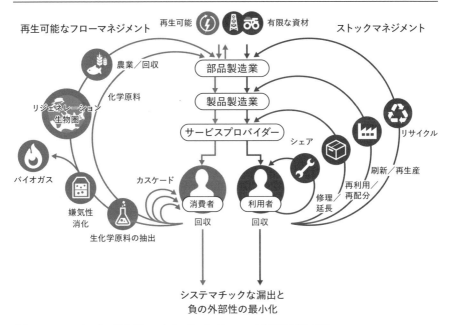

出典：エレンマッカーサー財団「Towards the Circular Economy」2012年を基に翻訳

# ① コロナ禍はSDGsの進捗にも影響を与えた

**Q**uiz#066　コロナ禍がSDGsに及ぼしたインパクトに関する記述として、誤っているのは次のうちどれでしょうか。

（A）医療関連（SDG３）に限定される。

（B）医療に加えて、貧困や教育など広く社会および経済領域に及ぶ。

（C）コロナ禍からの経済復興には、気候変動対策を含めた戦略的な対応が求められる。

● **コロナ禍がSDGsに与えたインパクト**

　新型コロナウイルス感染症自体に加えて、緊急事態宣言や休業要請などの各種対策は、社会・経済に甚大なインパクトをもたらしました。図上で実線の矢印で表わしたように、感染症と医療サービスのひっ迫（SDG３）をはじめとして、休業や失業による貧困（SDG１）、ステイホームによる家庭内暴力の増加（SDG５と13）、休校とリモート学習環境の不備による学習の遅れ（SDG４）、学校給食の休止（SDG２）、感染者に対する誹謗中傷（SDG10）、手洗い施設が不充分であったり（SDG６）、ワクチンの確保が困難な国や地域での感染拡大（SDG３）などが挙げられます。

　コロナ禍による経済活動の停滞で大気汚染が一時的に好転（SDG11）したものの、経済への影響はリーマンショック時をしのぎ、安全な労働環境や雇用の縮小、観光需要の減少（SDG８）、公共交通の安全性と持続可能性の課題、世界のスラム街における感染リスクの拡大（SDG11）として表われ、特に脆弱な層に重くのしかかっています。

● **コロナ禍からの経済復興**

　コロナ禍は公衆衛生上の100年に一度の危機ですが、獣人感染症はこの20年間でSARSやMARSに次ぎ３度目です。今回の新型コロナウイルス感

染症のパンデミック（世界的大流行）の要因として、①獣食の習慣、②森林伐採などによる人と獣の生活域の接近（SDG15）、③気候温暖化（SDG13）、④急速なグローバル化があり、今後は発生頻度が高まるとの警告も示されています。

　それ故にコロナ禍からの経済復興には、図上で、点線の矢印で示すように、持続可能な都市・地域開発（SDG11）、再生可能エネルギーの拡大（SDG7）、イノベーション（SDG9）に支えられたサーキュラーエコノミーへの移行（SDG12）と気候変動対策（SDG13）、持続可能な森林の経営（SDG15）と国際協力（SDG17）など、欧州の「**グリーン・リカバリー（緑の復興）**」政策のような気候変動と共に取り組む包括的な戦略の策定と実行が求められています。

●**国連関連機関による見解**

　SDSNが2022年6月に発表した「Sustainable Development Report 2022」（☞2-⑤-1）によれば、捕捉するデータにタイムラグはあるものの、コロナ禍とウクライナ危機という二大危機を受けて、SDG Index Scoreの時系列比較は、2019年から2021年にその進捗度がストップしたままであることが報告されています。

**コロナ禍のインパクトとリカバリー**

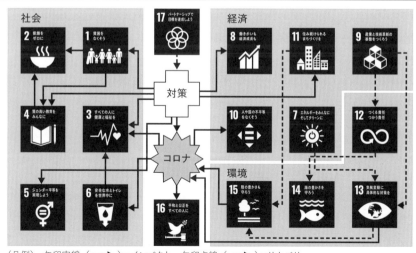

（凡例）　矢印実線（ ── ▶ ）＝インパクト、矢印点線（ --- ▶ ）＝リカバリー

**5** 2031年以降を視野に入れる
ポストSDGs

**2** # SDGsのリミット、2030年の先を考える

**Q**uiz#067　「ポストSDGs」として取り上げるべき目標とターゲットの候補に関する記述として、適切でないものは次のうちどれでしょうか。

（A）2030年で未達の重要目標とターゲット。

（B）激変する環境の下で優先順位が高まった目標とターゲット。

（C）士気高揚のため、SDGsの中で進捗度が高い目標とターゲット。

---

### ◉ポストSDGsを考える

「2030アジェンダ」とSDGsは、2023年に折り返し点を迎え、国連では「SDGサミット2023」の開催が予定されています。そのため、SDGsの達成の加速に集中することが求められています。

一方で、コロナ禍とウクライナ危機という二大危機を経験し、2050年のカーボンニュートラルを宣言するなど、企業の中には、2040年や2050年を視野に入れた長期計画を策定するところもあります。SDGsに関する環境の変化を視野に入れると、「**ポストSDGs**」について考える必要もあるでしょう。

### ◉新たなSDGs……追加、クローズアップされる目標候補

SDGsが2015年に承認された折にも、前身であるMDGsの未達の目標・ターゲットが引き継がれました。その際、社会的課題に加えて環境関連の目標が大きく取り込まれ、目標数もMDGsの8件からSDGsは17件へと大幅に広がったという経緯があります。

図は、SDGsの重要領域をまとめた「5つのP」（☞2-①-4）に、著者が現段階で考えるポストSDGsをにらんだ新たな目標とテーマを位置付けたものです。重要性が高まった目標として、**生物多様性**（SDG14と15）、**平和と安全保障**（SDG16）、**グローバルな連携**（SDG17）が挙げられ、ターゲッ

トの見直しを含めて検討することになるでしょう。

## ◉「テーマ」という発想

　個別の目標・ターゲットに加えて、著者は新たに「テーマ」という概念を取り込むことを提案しています。テーマとは、個別の目標には収まらないもので、現在のSDGsでは、SDG13（気候変動に対する具体的な対策を）が該当します。(☞3-④-2) 検討する価値のある新たなテーマとして次の4つが挙げられるでしょう。

①**人口問題**（☞1-①-3）
②**人権**（☞1-③-1）
③**宇宙：共有財産としての宇宙空間、宇宙開発（商業、軍事）、宇宙の生命**
④**DX（デジタル・トランスフォーメーション）**（☞7-①-4）

**「ポストSDGs」に向けた重要な目標とテーマ**

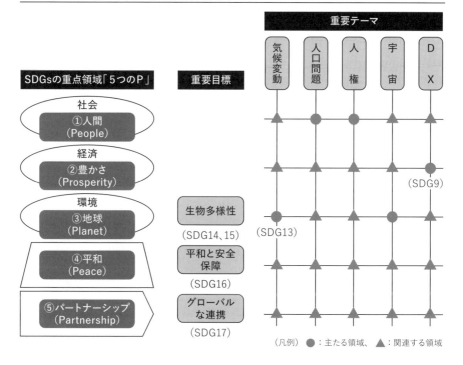

　これで、サステナブル・ディベロプメントの本質、ソリューションとしてのサーキュラー・エコノミーと自然との関係が腑に落ちます。

### WWFジャパンの啓発ポスター

> 「ねえ、ボクのぶんは…？」

出典：WWFジャパン（https://www.wwf.or.jp/）

✎回転寿司店で、寿司を乗せたお皿（自然資本）が自分の前まで回って来ない事態に、子供の悲鳴が聞こえてきます。

### パーサ・ダスグプタ「ダスグプタ・レビュー」

> SDGsは人口にあまり触れていません。しかし（自然に対する私たちの需要において人口の役割が大きいことを考えると）、目標年を2030年から10年以上先延ばししたとしても、人口問題に取り組まずしてSDGsが持続可能とは考えにくいです。

出典：P.ダスグプタ、WWFジャパン訳「生物多様性の経済学：ダスグプタ・レビュー要約版（日本語版）」2021

### 「サーキュラーエコノミーとはそもそも何か？」エレン・マッカーサー財団

> 自然の中には「ごみ」という概念がない。木から落ちる葉はごみになるのではなく、森の栄養になる。サーキュラーエコノミーとは、悪影響を減らすというマイナスをゼロにするという考え方ではなく、周りに良い影響となる、プラスをつくり出すやり方へと経済のあり方をつくり直すことに他ならない。

出典：エレン・マッカーサー財団『From Linear to Circular（#1）』2020

## 第 5 章

# 「サステナビリティ」と「SDGs」を戦略に組み込むステップ

【アプローチ】

# 1 ｜ 1 個人と企業とで変わるSDGsへのアプローチ

**Q**uiz#068　SDGsの達成を支援する個人と企業の活動に関する記述として、誤っているのは次のうちどれでしょうか。

（A）人類の活動が環境と社会に与える影響という意味では、個人と法人の対処方法はまったく変わるところはない。

（B）個人の場合は、小まめな節電や節水など、できることから始めることが推奨される。

（C）法人の場合は、戦略的にインパクトの最大化を図り、選択と集中をすることが求められる。

●**個人はできることから始めよう**

　社会の構成員としての個人は、日々の活動のSDGsとの接点／関わりを発見して、できることから行動に移すことが求められています。

　国連広報センターから「**持続可能な社会のために　ナマケモノにもできるアクション・ガイド**」という簡単なリーフレットが発行されています。そこには、「レベル１：ソファーに寝たままできること」の「電気を節約しよう。電気機器を電源タップに差し込んで、使っていないときは完全に電源を切ろう。もちろん、パソコンもね。」に始まって、「レベル２：家にいてもできること」、「レベル３：家の外でできること」そして「レベル４：職場でできること」まで日常生活で簡単に取り入れられるそれぞれ10件前後の行動リストが示されています。参考にすると良いでしょう。

　もちろん、SDGsへのインパクトを狙うなら、皆が実践するようにムーブメントにすることが重要です。

●**ビジネスには選択と集中が求められる**

　一方、企業の取り組みはどうするべきでしょう。競争戦略論の世界では、

・「すべての顧客にすべての価値を提供しようとすれば、競争力は失う」

・「効果的な戦略とは、すべてのシステムを顧客価値提案に合わせる」

とされています。企業は、環境・社会課題へのインパクトの最大化を図るために戦略として貴重な資源を投入すること、つまり選択と集中が必要になります。

そしてSDGsの目標に対する企業活動が占める重要性から、戦略的なアクションが求められ、また、環境と社会へのメリハリのある、インパクトの最大化（正のインパクトの増大と負のインパクトの軽減の双方）も求められます。

その際に活用できるフレームワークに、「**SDG Compass**」と「**SDGインパクト基準**」があります。以下の項で紹介することにしましょう。

### SDGsへの貢献に向けた個人とビジネスの違い

| | 個人レベルのアクション | ビジネス（企業）レベルのアクション |
|---|---|---|
| 特徴 | ＊日々の活動の SDGs（環境・社会課題）との接点／関わりを発見。<br>＊できることから行動に移す。<br>＊皆に呼びかけ（NGO、政府、企業に対して）、ムーブメントを巻き起こす。 | ＊戦略として、貴重な資源を投入し、環境・社会課題へのインパクトの最大化を図るためには、選択と集中が必要。<br>＊CSV（共通価値の創造）や CSR（企業の社会的責任）の一環として取り組む。 |
| フレームワーク | 「持続可能な社会のために　ナマケモノにもできるアクション・ガイド」国連広報センター<br><br>レベル1：ソファーに寝たままできること<br>レベル2：家にいてもできること<br>レベル3：家の外でできること<br>レベル4：職場でできること | 「SDG Compass」GRI、UNGC、WBCSD<br>「SDGインパクト基準」UNDP |

# 2 戦略マネジメントのプロセスを押さえておく

**Q**uiz#069　戦略マネジメントに関する記述として、誤っているのは次のうちどれでしょうか。

（A）業務レベルのPDCAサイクルとまったく変わるところはない。

（B）戦略の策定フェーズより運用フェーズの方が課題を抱えている。

（C）業務レベルのP（計画）とは異なり、戦略には検証と改造が必要になる。

---

### ●戦略マネジメント

　経営戦略の分野は、第二次世界大戦後に発展した研究分野であり、その時々に成功したケースから帰納的に学んだものなど、多くの戦略論が乱立しています。戦略の定義をはじめ、戦略マネジメントのステップについても画一的なものはないといってもいいでしょう。

　とはいってもガイドとなるものも必要なので、図は、**バランス・スコアカード（BSC）**(☞6-①-1) の提唱者であるキャプランとノートンによる戦略マネジメントの5つのステップを参照し、まとめたものです。業務レベルでいえば**PDCA（Plan, Do, Check and Act）**マネジメント・サイクルに相当します。

### ●戦略マネジメントの5つのプロセス

①**戦略の策定**：このステップは多くの戦略論や技法そしてフレームワークが開発されている領域で、唯一の正解などは存在しません。「SDG Compass」にもこのステップに関する項目が5分の3と多く含まれています。実は、戦略マネジメントのボトルネックは、この戦略の策定フェーズではなく、戦略を実行するフェーズにあるのです。したがって、以下のステップが相対的に重要になります。

②**戦略の記述**：見える化とKPI（重要業績評価指標）を活用することで、戦略マップ／BSCが適用される領域です。

③**戦略の展開と連携**：各事業部や部署への展開と、マーケティングや人材開発などシェアードサービス部門への展開が含まれます。

④**戦略のモニタリングと学習**

⑤**戦略の検証と改造**

　業務レベルでは既存のプロセスを対象として、作業標準を設定し、標準に当たるプラン（P）と実績（D）を比較し、Pに合わせるための修正行動（A）を取る、というように回します。戦略マネジメントは、創発された戦略なども含めて当初設定した戦略の検証を行ない、必要に応じて戦略自体を改造することも重要になります。

　一般的に戦略プロセスは、四半期（3ヵ月）単位でレビューされ、このステップは、繰り返されることになります。

　図の外側にアラビア数字で示してあるステップは、SDGsを戦略に組み込むアプローチを示した「SDG Compass」の5つのステップ（☞5-①-5）が戦略マネジメントのステップのどれに該当するかを示したものです。

**戦略マネジメントのプロセスと「SDG Compass」の5つのプロセス**

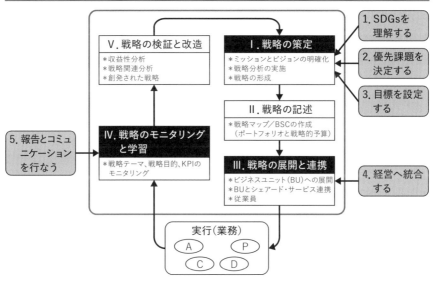

# ③ SDGsを
# 外部環境分析に活用

$\mathbf{Q}$uiz#070 　企業は自社の戦略策定プロセスで、SDGsを分析のチェックリストとして活用することができます。その分析とは次のうちどれでしょうか？

（A）内部環境分析

（B）外部環境分析

（C）競合他社分析

●環境分析の手法「PESTEL分析」

『孫子』の兵法に「彼（敵）を知り、己を知れば、もって百戦危うからず」という言葉がありますが、経営戦略を立案するに当たっては、そのビジネスが置かれている外部・内部の環境分析を実施することが重要です。

　外部環境を分析する切り口として用いられているフレームワークに「**PEST（ペスト）分析**」があります。これは表に示すように、Political（政治）、Economic（経済）、Social（社会）、そしてTechnological（技術）の頭文字をとったものです。これらの4つの要素に近年その重要性が高まっている、Environment（環境）、そしてコンプライアンス（法令遵守）などのLegal（法制度）を加えて、「**PESTEL（ペステル）分析**」とすることがあります。サステナビリティとSDGsの重要性の高まりから、PESTEL分析を実施することが推奨されます。

●忘れてはならない「Legal」への対応

　環境と社会などのサステナビリティの領域では、欧州を中心に法規制の整備や、サステナビリティ関連情報開示などグローバル・ルールの作成作業が加速しています。日本企業は、「**Legal**」に注目し、先進国のルールを

先取りすることに加えて、これまでのグローバル・ルールを守るという受け身のスタンスから、ルールの作成へと積極的に参画していくことが求められます。

**●SDGsをビジネスの外部環境分析のチェックリストとして活用しよう**

表はこのPESTELに、「2030アジェンダ」の経済成長、社会包摂そして環境保護の3つの要素（☞2-①-3）とSDGsの「5つのP」として知られる重点領域（☞2-①-4）を関係付けて示したものです。

またビジネスの外部環境分析を実施するにあたり、グローバル課題のチェックリストとして、SDGsの17の目標と169のターゲットを活用することができます。

例えば、各国・地域のSDGsに向けた進捗状況を毎年分析し報告しているSDSN（持続可能な開発方法ネットワーク）とベルテルスマン財団の「SDReport」（☞2-⑤-1）には、資源や部品などの調達先から顧客までのサプライチェーンのステークホルダーが属している国や地域のSDGsの17の目標の進捗度評価が掲載されており、そこからリスクや機会のヒントを確認することにも活用できます。

**外部環境分析（PESTEL）のテンプレートとしてのSDGs**

| PESTEL | 「2030アジェンダ」3つの要素 | SDGs 5つのP※ | 外部環境の要素の例 |
|---|---|---|---|
| Political（政治） | Social（社会） | Peace（平和） | 政変 |
| Economic（経済） | Economic（経済） | Prosperity（豊かさ） | 財政危機、為替リスク、原材料費や賃金の高騰、TPP（環太平洋戦略的経済連携協定）、競合新製品の登場 |
| Social（社会） | Social（社会） | People（人間）Peace（平和） | 少子高齢化、労働争議、テロ、紛争 |
| Technological（技術） | Economic（経済） | Prosperity（豊かさ） | ICT（情報通信技術）、DX |
| Environment（環境） | Environmental（環境） | Planet（地球） | 気候変動、生物多様性他の環境問題 |
| Legal（法制度） | Social（社会） | Peace（平和） | 消費税、社会保険、企業情報開示、レピュテーション |

※「5つのP」のうち、Partnership（パートナーシップ）を除く。

# **4** SDGsを自社の戦略に組み込む時の２つのフレームワーク

**Q**uiz#071 　サステナビリティ・マネジメントに関する記述として、誤っているのは次のうちどれでしょうか。

（A）複数のフレームワークが国連の関係機関から発行されている。

（B）導入ガイドラインとして「SDG Compass」が日本でも広く参照されている。

（C）SDGsへの貢献度を高めるインパクトマネジメントのレベルを自己診断するチェックリストは発行されていない。

---

### ◉サステナビリティ・マネジメントの２つのフレームワーク

　サステナビリティやSDGsを自社の戦略に組み込むために参照するフレームワークとして、「**SDG Compass**」と「**SDGインパクト基準**」の２つを紹介しましょう。共に国連の関係機関が中心になって開発・公表しているものです。図に示したように、「SDG Compass」はSDGsを戦略に組み込むアプローチであり、「SDGインパクト基準」はインパクトマネジメントのマチュリティ（成熟度）チェックリストです。まず、「SDGインパクト基準」でインパクトマネジメントの成熟度レベルを自己チェックすることから始めるとよいでしょう。 ギャップを確認してから、「SDG Compass」を導入ガイドとして活用し、定期的に「SDGインパクト基準」でレベルの進捗を確認していくアプローチです。

### ◉「SDG Compass」：SDGsを戦略に組み込むアプローチ

　SDGsを戦略に組み込むアプローチを紹介するフレームワークとして、SDGsがスタートした2016年にいち早く発行されています。(☞5-①-5)

　発行元は、GRI（グローバル・レポーティング・イニシアチブ）、UNGC（国連グローバル・コンパクト）とWBCSD（持続可能な開発ための世界

経済人会議）です。あるアンケート調査でも、「SDG　Compass」は参照ガイドラインとして採用企業が最も多いフレームワークとされています。

　約30頁のシンプルで読みやすい冊子で、下記より日本語訳を入手することができます（https://sdgcompass.org/wp-content/uploads/2016/04/SDG_Compass_Japanese.pdf）。

### ●「SDGインパクト基準」：インパクトマネジメント

「SDGインパクト基準」として3種類発行されているフレームワークのうちのひとつで、正式名称を「**SDG Impact Standard for Enterprises**」（「企業・事業体向け：SDGインパクト基準」）といいます。（☞5-①-6）、（☞5-①-7）

　インパクトマネジメントのマチュリティを自己診断するフレームワークとして、UNDP（国際連合開発計画）から、2021年に発行されています。

　チェックリストを含む22頁のシンプルな冊子で、下記より日本語訳を入手することができます（https://www.jp.undp.org/content/tokyo/ja/home/library/sdgimpact_standard_enterprises.html）。

## 「SDG Compass」と「SDGインパクト基準」

**「SDG Compass」**

\*SDGsを組み込んだ、
　戦略マネジメントのアプローチ

出典：GRI、UNGC、WBCSD ホームページ

**「企業・事業体向け：
SDGインパクト基準」**

\*SDGsを組み込んだ、
　インパクトマネジメント・
　システムのチェックリスト

出典：UNDPホームページ

# ①

# 5

# 「SDG Compass」でSDGsを戦略に組み込む

**Q**uiz#072 「SDG Compass」のSDGsを戦略に組み込むアプローチに関する記述として、誤っているのは次のうちどれでしょうか。

（A）ステップは、PDCAサイクルの流れに沿って作成されている。

（B）ステップは、上流から下流へと直線的に進められる。

（C）ステップは、繰り返し循環しながら成熟していく。

## ●SDGsを戦略に組み込む５つのステップ

　図はSDGsを戦略に組み込むアプローチである「SDG Compass」の５つのステップを示したものです。【5-①-2】で戦略マネジメントプロセスとの対比で示したように、戦略の策定に重点が置かれていることがわかります。

　SDGsの組み込みのポイントは次のようになります。

①「**1．SDGsを理解する**」で、外部環境分析にSDGsをチェックリストとして活用します。

②事業活動がインパクトを与えるSDGsを棚卸しし、「**2．優先課題を決定**」します。

③「**3．目標を設定する（＝戦略の策定)**」で、絞り込んだSDGsの目標を支援する戦略のストーリーを形成します。

④SDGsの組み込みをビジネスユニットや機能の戦略に展開することにより「**4．経営へ統合**」を推進していきます。

⑤SDGsを組み込んだ目標達成状況について「**5．報告とコミュニケーション**」を行ないます。

　図の右端に、関連する本書の「項」番号を付記してあります。

## ●先行企業の導入状況の推移

　GCNJ（グローバル・コンパクト・ネットワーク・ジャパン）他が実施
したアンケート調査（GCNJ,IGES「コロナ禍を克服するSDGsとビジネス」
2021年）から、その会員組織におけるSDGsを組み込んだ戦略プロセスの
進展を知ることができます。

- ・SDGsがスタートした2016年の調査では、「ステップ１：SDGsを理解
  する」が53.5％を占めるなど、プロセスの初期段階に位置していました。
- ・2019年の調査では、「ステップ２：優先課題を決定する」と「ステッ
  プ３：目標を設定する」という戦略の策定が合計で52.1％になり、
  SDGsの戦略策定フェーズへの組込みが進展してきました。
- ・2020年の調査では、「ステップ５：報告とコミュニケーションを行な
  う」が20.2％に伸びており、戦略マネジメントのプロセス全般にわたっ
  ていることが確認できます。

## 「SDG　Compass」の５つのステップ

| | | 本書で取り上げる「項」番号 |
|---|---|---|
| 1.SDGsを理解する | 1）SDGsとは何か | |
| | 2）企業がSDGsを利用する理論的根拠 | |
| | 3）企業の基本的責任 | |
| 2.優先課題を決定する | 1）バリューチェーンをマッピングし、影響領域を特定する | (☞2-②-1) |
| | 2）指標を選択し、データを収集する | (☞2-④-1) |
| | 3）優先課題を決定する | (☞2-③-1) |
| 3.目標を設定する（＝戦略の策定） | 1）目標範囲を決定し、KPI（重要業績評価指標）を選択する | (☞2-④-1) |
| | 2）ベースラインを設定し、目標タイプを選択する | |
| | 3）意欲度を設定する | |
| | 4）SDGsへのコミットメントを公表する | (☞2-⑤-1) |
| 4.経営へ統合する | 1）持続可能な目標を企業に定着させる | |
| | 2）全ての機能に持続可能性を組み込む | |
| | 3）パートナーシップに取り組む | |
| 5.報告とコミュニケーションを行なう | 1）効果的な報告とコミュニケーションを行なう | (☞2-⑤-1) |
| | 2）SDGs達成度についてコミュニケーションを行なう | (☞2-⑤-1) |

参照：GRI、UNGC、WBCSD「SDG Compass」2016、他に基づき作成。

Quizの答え　（B）

# **6** もうひとつのフレームワーク 「SDGインパクト基準」とは

**Q**uiz#073　インパクトマネジメントに関する記述について、誤っているのは次のうちどれでしょうか。

（A）インパクト（効果）は、SDGsのターゲットとその指標のレベルに該当する。

（B）インパクトは、アウトプット（成果）と同意語である。

（C）インパクトマネジメントとはインパクトの最大化を狙った経営を指す。

---

● 「SDGインパクト基準」の目的と全体構成

「**SDGインパクト基準**」は、SDGsの達成に向けて「民間資金」の流れを拡大させることを目的にUNDP（United Nations Development Programme：国際連合開発計画）が立ち上げた一連のイニシアチブであり、「SDGインパクト基準」は次の3つから構成されています。

① 「SDGインパクト基準」として次の文書が発行されています。

- プライベートエクイティファンド向けの「SDG Impact Standard for Private Equity Funds」
- 債券発行体向けの「SDG Impact Standard for Bond Issuers」
- 企業・事業体向けの「SDG Impact Standard for Enterprises」

3つ目の「**企業・事業体向け：SDGインパクト基準**」が本書で推奨しているフレームワークでは、戦略、アプローチ（執行・管理）、透明性、ガバナンスの4つのテーマで構成されています。(☞5-①-7)

② SDGインパクト認証ラベル

③ インパクトマネジメント研修

## ●インパクトマネジメント

「SDGインパクト基準：用語集（Glossary）」によれば、インパクトマネジメントとは、持続可能な開発とSDGsへの貢献を最大化するために、戦略、マネジメント・アプローチ、開示そしてガバナンスを通じて意思決定に統合する継続的な実務を指します。

　企業がサステナビリティやSDGsへの貢献を最大化する場合には、
・経営資源を投入することに対する投資対効果に充分に配慮（経済・財務面）しながら、
・SDGsの目標とターゲットへのインパクトの最大化を図る（社会・環境面）ことになります。

　これを実現するのがインパクトマネジメントです。

## UNDPの「SDGインパクト基準」

① 「SDG Impact Standard for Private Equity Funds」（PEファンド向け）

② 「SDG Impact Standard for Bond Issuers」（債券発行体向け）

③ 「SDG Impact Standard for Enterprises」（企業・事業体向け）

「企業・事業体向け SDGインパクト基準」
2021年7月バージョン1.0(UNDP)

出典：「企業・事業体向け SDG インパクト基準」（UNDP）

# ①
# ⑦ 「SDGインパクト基準」で自社のSDGsを評価する

**Q**uiz#074 「企業・事業体向け：SDGインパクト基準」に関する記述として、誤っているのは次のうちどれでしょうか。

（A）インパクトマネジメントのセルフアセスメントツールとして活用できる。

（B）外部機関による認証のフレームワークが準備されている。

（C）サステナビリティ関連情報開示のフレームワークである。

---

### ●「企業・事業体向け：SDGインパクト基準」の構成

「企業・事業体向け：SDGインパクト基準」の目的は、企業が持続可能な事業運営を行ない、SDGsに対し積極的に貢献する可能性を高めるために、戦略、アプローチ、透明性、ガバナンスの面で求められていることを明確にすることとされています。

「企業・事業体向け：SDGインパクト基準」は、相互に関連した次の4つのテーマから構成されています。

①**戦略（strategy）**
②**アプローチ（management approach）**
③**透明性（transparency）**
④**ガバナンス（governance）**

　表にまとめてあるように、テーマ1と2については、1.1のようにチェック項目が示されています。そして、テーマ1と2のチェック項目の下に、テーマ3と5についてはテーマの下に「推奨指標（Practice Indicators）」として、詳細なチェック項目が用意されています。表の右端に、上位の推奨指標の件数を参考に付してあります。

　「企業・事業体向け：SDGインパクト基準」の、戦略、アプローチ、透

明性、ガバナンスという4つのテーマは、TCFD（☞**6-③-2**）やISSB（☞**6-③-4**）などのサステナビリティ関連情報開示のスタンダードが対象としている開示内容である、「ガバナンス、戦略、リスク管理そして指標と目標」という4つの柱に共通するものがあります。

### ◉サステナビリティとSDGsのセルフアセスメント

「企業・事業体向け：SDGインパクト基準」には、「本基準は意思決定のための基準であり、パフォーマンス測定やレポーティング（報告）のための基準ではありません」と明記されています。つまり、ギャップ分析並びに自己評価ツールとして使用し、それらのギャップ（理想と現実の差異）を埋めて実践のあり方を徐々に改善していくことが推奨されています。

また、「SDGインパクト基準」のイニシアチブの一環として、「**SDG認証ラベル**」など認証制度の準備が進められています。

### 「企業・事業体向け：SDGインパクト基準」の構成

| テーマ | | 推奨指標の件数 |
|---|---|---|
| **1．戦略：**持続可能な開発およびSDGsに対する積極的な貢献を組織のパーパスや戦略に組み込み、意欲的なインパクト目標を設定している。 | | |
| 1.1 | 持続可能な開発およびSDGsに対する積極的な貢献を組織のパーパスや戦略に組み込んでいる。 | 11 |
| 1.2 | 組織のパーパスと戦略に沿った意欲的なインパクト目標を設定している。 | 6 |
| **2．アプローチ（執行・管理）：**持続可能な開発およびSDGsへの貢献を最良の形で果たすために、インパクトマネジメントを経営の執行に統合している。 | | |
| 2.1 | 組織の戦略とインパクト目標の達成に向け、効果的なプロセスやメカニズムを整備している。 | 7 |
| 2.2 | 組織の製品、サービス、事業運営に関連する重大な正負のインパクトを評価・比較し、インパクト目標に沿って最も良い形で、持続可能な開発およびSDGsに対し貢献する施策を選択している。 | 7 |
| 2.3 | 進行中のインパクトを体系的にモニタリングおよび管理し、持続可能な開発とSDGsに対する貢献（予想外のアウトカムの管理も含む）を最も良い形で行うことを目指している。 | 5 |
| **3．透明性：**持続可能な開発とSDGsへの積極的な貢献をどのように組織のパーパス、戦略、アプローチ、ガバナンスに組み入れているかを開示し、そのパフォーマンスを報告している（少なくとも年一回）。 | | 6 |
| **4．ガバナンス：**持続可能な開発とSDGsに対する積極的な貢献に対するコミットメントを、ガバナンスの実践を通して強化している。 | | 3 |

出典：UNDP「企業・事業体向け：SDGインパクト基準」2021年を参照し作成

# 「バリューチェーン・マップ」でインパクト領域の棚卸し

**Q**uiz#075 バリューチェーン・マッピングによるインパクト領域の特定に関する下記の記述として、適切なものは次のうちどれでしょうか。

（A）企業活動の棚卸しの範囲は自社のバリューチェーンに限定する。

（B）正のインパクトを与えている領域は、問題はないため除外する。

（C）インパクト領域の特定には、SDGsのターゲット・レベルを参照する。

● 「SDG Compass」の該当するステップと記述

**2-1）バリューチェーンをマッピングし、影響領域を特定する。**

> 各企業がSDGsに対して及ぼす最大の社会的、環境的な影響は、企業が所有または管理する資産の範囲を超える可能性がある。最大の事業機会は、バリューチェーンにおいて、その企業の活動範囲よりも上流もしくは下流に存在しているかもしれないからだ。

● 「バリューチェーン・マップ」

　グローバル化が進む現代では、経済活動は、資源・資材調達 － 生産 － 流通 － 消費 － 廃棄まで鎖のようにつながっているため、企業活動がSDGsに与えるインパクト（影響）のアセスメントには、サプライチェーンまで視野に入れる必要があることは、本書でもチョコレートのサプライチェーンのケースで見てきた通りです。(☞1-③-2)

　そこで、企業活動とSDGsとの接点を洗い出すのに用いられるツールが**「バリューチェーン（価値連鎖）・マップ」**です。

　（注記）バリューチェーン（価値連鎖）、サプライチェーン（供給連鎖）およびコンサンプションチェーン（消費連鎖）の名称と範囲については、さまざまな見解がありますが、著者は図の上部に示すように区別しています。「SDG Compass」にあるバリューチェーンとは、サプライチェーンに該当する概念です。

●バリューチェーン・マッピングによるインパクト領域の特定

バリューチェーン・マッピングを実施する上でのポイントを見てみましょう。SDGsを社会、環境面でのニーズとして捉えて、自社の現状および将来の活動がSDGsの目標とターゲットに与える正ないし負のインパクトを棚卸しすることから始めます。その時に活用するツールがバリューチェーン・マップで、次のように活用します。

①対象領域は、自社のバリューチェーン（製造業であれば、調達・製造・販売・物流など）の機能に限定することなく、原材料のサプライヤーにおける児童労働や未就学児童問題から、卸売り、小売りなどのパートナー段階での食品ロス問題、さらに最終消費者を含めたリユース（再利用）やリサイクル（再生使用）など、サプライチェーン全体です。

②対象とするビジネスは、現在のみならず、環境や社会に貢献する新製品の開発やビジネスモデルの革新など、将来の計画も対象とします。

③図の上段と下段に示したように、企業活動が環境や社会に与えるプラス（正）およびマイナス（負）双方のインパクト領域を棚卸しします。

「バリューチェーン・マッピング」によるインパクト領域の特定

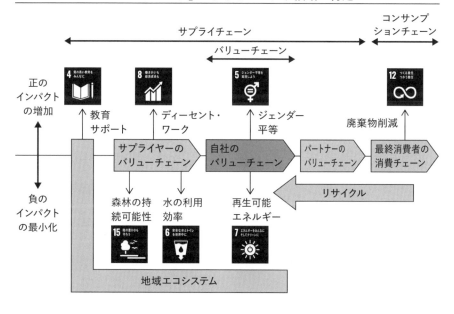

# **1**　「マテリアリティ・マトリックス」で重要課題を特定する

**Q**uiz#076　「マテリアリティ・マトリックス」（以下、マトリックス表）に関する記述として、誤っているのは次のうちどれでしょうか。

（A）マテリアリティの特定には、マトリックス表を用いる必要がある。

（B）マトリックス表の縦横の軸に入る項目は固定されているわけではない。

（C）マトリックス表とその特定プロセスの概要を公開する企業もある。

### ●「SDG Compass」の該当するステップと記述

#### 2-3）優先課題を決定する。

> 現在および将来的な負の影響の規模、強度および可能性を検討し、その影響が主要ステークホルダーにとってどれほど重要か、並びに資源効率化による競争力の強化の機会を検討する。

### ●重要性の判断

　SDGsを取り込んだ戦略マネジメントプロセスでは、重要性を判断し絞り込む作業を次の２つのステップで行ないます。

①**重要課題の特定**：戦略は選択と集中にあるといわれます。SDGsについても、ある企業が17の目標のすべてに関わることは稀で、そのインパクトの程度にも差があります。「ステップ２（３）優先課題を決定する」で、SDGsの目標とターゲットの絞り込みを行ないます。

②**ステークホルダーへの報告事項の選定**：重要な報告事項の選定を「ステップ5・報告とコミュニケーションを行なう」で実施します。

### ●「マテリアリティ・マトリックス」

　バリューチェーン・マップなどによって、インパクト領域が特定できたなら、企業の経営資源は有限であることから、優先的に取り組むべき課題を絞り込みます。このプロセスを「**マテリアリティ（重要課題）の特定**」

と呼んでいます。ここでマテリアリティとは重要性という意味で、元々は、財務情報として報告すべき項目を決定するために、売上高や利益に与える影響の重要性に基づいて判断したものを、社会や環境等の非財務情報の報告にも応用した概念です。

● 「マテリアリティ・マトリックス」の活用

　重要性の判断に用いられるツールが2つの軸で評価する「**マテリアリティ・マトリックス**」です。一般的に、横軸に事業、縦軸に環境と社会に対する便益の二軸を使ったマトリックス表が用いられますが、図に示したように、いくつかのタイプが考えられます。

**「マテリアリティ・マトリックス」を2つのステップで活用する**

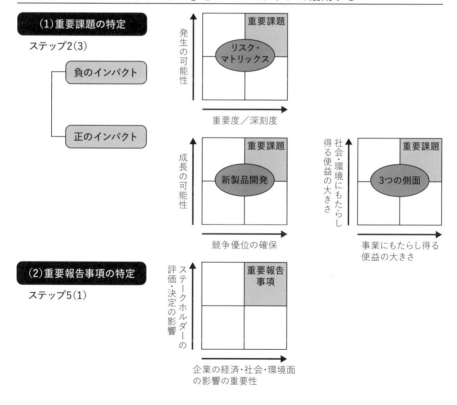

# **1** 自社の活動が社会や環境に与える影響を知る

**Q**uiz#077　KPIに関する記述として、誤っているのは次のうちどれでしょうか。

（A）SDGsのインパクトの測定には、SDGsのグローバル指標が用いられる。

（B）ロジックモデルは、選定すべきKPIの特定に役立つ。

（C）アウトプットとアウトカムの定義は曖昧であり、区別する必要はない。

◉「SDG Compass」の該当するステップと記述

**2-2）指標（indicators）を選定し、データを収集する。**

> 企業活動とそれが持続可能な開発に与える影響の関係を最も適切に表わすひとつ以上の指標を設定し、達成度を継続的に把握できるようにする。（著者が日本語訳を一部変更）

**3-1）目標範囲を設定し、KPI（KPIs）を選択する。**

> KPIの選択に当たっては、影響評価に用いる指標群（indicators）を出発点にすることが理想的である。（著者が日本語訳を一部変更）

（注記）ここで、指標（indicators）はSDGsの「グローバル指標」を指し、KPI（KPIs）は、企業内で活用されるKPI（重要業績評価指標）を指すことに留意する必要があります。

◉ロジックモデル

　事業のミッションを考えた時に、製品等が便益を提供した「**アウトカム（成果）**」を捉えることが重要になります。さらに、社会と環境を取り扱うSDGsへの貢献を念頭に置くと、製品等が社会や環境に与える「**インパクト（影響）**」を把握することが求められています。これらの関係を示したフレームワークを「**ロジックモデル**」と呼んでいます。

　図の左側に示した「**ロジックモデル**」を用いて、企業活動をインプット

（投入）、アクティビティ（活動）、アウトプット（結果）、アウトカム（成果）そしてインパクト（影響）までの5段階からなるプロセスとして筋道を確認することができます。

## ●企業が活用できるSDGs関連指標

SDGsのグローバル指標は、SDG 3（すべての人に健康と福祉を）を例に挙げてもわかるように、「出生率」や「死亡率」など、企業がそのまま使えないものも多く含まれています。

SDGsの各ターゲットに対応する指標（グローバル指標）は、このインパクト・レベルに相当する指標です。

「ロジックモデル」は、事業活動が社会や環境に与えるインパクトまでの流れと関係性をつかむ上で有効なツールのひとつです。

図では、浄水用の錠剤と血圧計を例に、ロジックモデルと各レベルの指標の例を示してあります。

### SDGs関連指標のレベルと「ロジックモデル」

| ロジックモデル | | 浄水用の錠剤 | 血圧計 |
|---|---|---|---|
| インパクト | インパクト（影響） | 水系感染症発生率（販売前との比較（%））★SDGターゲット3.3 | 脳・心血管症患者数 ★SDGターゲット3.4 指標3.4.1 心血管疾患、癌、糖尿病、または慢性の呼吸器系疾患の死亡率 |
| アウトカム | アウトカム（成果） | 浄化した水の使用量（全使用量における割合（%）） | 血圧を測定した高血圧患者数 |
| アウトプット | アウトプット（結果） | 浄水錠剤の販売数（販売数および錠剤購入者に関する人口動態調査） | 血圧計の販売台数 |
| アクティビティ | アクティビティ（活動） | 浄水錠剤の製造、マーケティングおよび販売活動 | 血圧計の製造、マーケティングおよび販売活動 |
| インプット | インプット（投入） | 研究開発費、製造費用、マーケティング費用 | 研究開発費、製造費用、マーケティング費用 |

参考：GRI、UNGC、WBCSD「SDG Compass」2016、並びに、GCNJ、IGES「未来につなげるSDGsとビジネス」2018を参照し作成

# 1 SDGsに関する進捗を公表し、ステークホルダーと信頼関係を築く

**Q**uiz#078　統合報告書に関する記述として、誤っているのは次のうちどれでしょうか。

（A）機関投資家を含む資金提供者を中心に、さまざまなステークホルダーを読者対象としている。

（B）財務と非財務の情報を関連付けて一本にまとめたレポートである。

（C）発行は任意であり、現段階で法令により強制されている国は存在しない。

● 「SDG Compass」の該当するステップと記述

### 3-4）SDGsへのコミットメントを公表する。

> 各企業の目標の一部または全部を公表することは、効果的な情報発信の手段となる。持続可能な開発に関する企業の志が簡潔かつ実用的な言葉で表現されているからである。

### 5　報告とコミュニケーションを行う。

> 各企業が企業のステークホルダーのニーズを把握してこれに応えるために、SDGsに関する進捗状況を定期的に報告しコミュニケーションを行なうことが重要である。

### ●SDG12のターゲット12.6に掲載

　機関投資家を含む資金提供者とのコミュニケーションのスタートラインが統合報告書です。統合報告書はワン・レポートとも呼ばれ、財務に加えてSDGsやESG要素（☞4-③-4）等の非財務情報を相互に関係性を持たせて、コンパクトにひとつのレポートにまとめた企業報告書です。

SDGsではSDG12（つくる責任つかう責任）のターゲット12.6（持続可能性に関する報告書の発行を推奨）で取り上げられているように、サステナビリティ・マネジメントの有効なコミュニケーション・ツールとなるのがサステナビリティ報告書および統合報告書です。(☞3-④-1)

● **国際標準となったIIRCのフレームワーク**

　IIRC（国際統合報告評議会）から2013年に「**国際統合報告フレームワーク**」が公表され、多くの日本企業が参照する代表的なフレームワークとなっています。2021年におよそ7年ぶりに改訂され、マイナーチェンジが加えられています。

　図は、フレームワークに掲載されている「**価値創造プロセス**」を表わしたものです。その形状から「**オクトパス・ダイアグラム**（タコの図）」の愛称で呼ばれています。タコの頭に当たる中央に、ガバナンス、ビジネスモデル、リスクと機会、戦略と資源配分、実績と見通しなどの統合報告書に含まれる「内容要素」が、そして左右に「6つの資本」(☞6-②-1)が描かれています。日本企業が発行している多くの統合報告書の巻頭にこの図に準じたものが掲載されています。(☞6-③-1)

**国際統合報告フレームワークの「価値創造プロセス」**

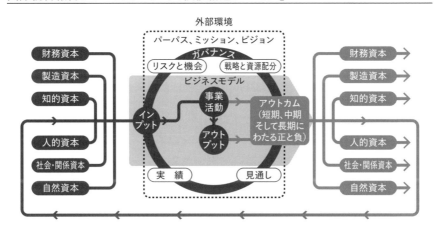

出典：IIRC "International Integrated Reporting Framework (revised2021 01)" を基に翻訳

Quizの答え　（C）……南アフリカ共和国では統合報告書の作成が法律で義務化されています。

## Column

　サステナビリティとSDGsの達成に向けたインパクトの最大化の基本は、選択と集中にあります。

### 潘基文 国連前事務総長（「SDG Compass」エグゼクティブ・サマリーより）

> 企業は、SDGsを達成する上で、重要なパートナーである。企業は、それぞれ中核的な事業を通じて、これに貢献することができる。私たちは、すべての企業に対し、その業務が与える影響を評価し、意欲的な目標を設定し、その結果を透明な形で周知するよう要請する。

✎CSVに基づく企業のSDGsに対する貢献が期待されています。

### マイケル・ポーター（米国 経営戦略学者）

> すべての顧客にすべての価値を提供しようとすれば競争力を失う。

✎これはポーターが主張する「差別化戦略」です。横並びでは勝ち目はなく、差別化することが必要であり、そのためには、選択と集中が欠かせないというわけです。

### GRI、UNGC、WBCSD「SDG Compass」（ステップ２）

> 17のSDGsすべてが各企業にとって等しく重要であるわけではない。各目標に対して各企業が貢献できる程度や、各目標に付随するリスクや機会は、多くの要因に左右される。

✎いかなる大企業といえども、またそのサプライチェーンに範囲を拡大したとしても、17のSDGsのすべてに関わっているとは限りません。インパクトを最大化するためにも、選択と集中が重要であり、マテリアリティの特定がキーになります。

## 第6章

# 「サステナビリティ・マネジメント」の理解を深める

## 【キーポイント】

# 1 1 サステナビリティに対応した「戦略マップ」とは

**Q**uiz#079　サステナビリティ対応の「戦略マップ（CSV版）」が備えるべき特徴として、適切でないものは次のうちどれでしょうか。

（A）ロジックモデルよりも戦略に特化したフレームワークである。

（B）アウトカムとインパクトとしてトリプル・ボトムライン（TBL）の領域をカバーしている。

（C）社会資本や自然資本は、対象範囲に含まれない。

## ●ロジックモデルから戦略マップへ

　図の右側に示した「ロジックモデル」は、事業活動が社会や環境にインパクトを与えるまでの流れと関係性をつかむ上で有効なツールのひとつとして、「SDG Compass」で紹介されています。(☞5-④-1)

　戦略をわかりやすくコミュニケートするフレームワークとして世界で広く普及しているものに、BSC（バランス・スコアカード）の「戦略マップ」があります。戦略マップの基本形は、図の左側に示したように、木の根っこに当たる**①学習と成長の視点（経営資源）**から、**②業務プロセスの視点（バリューチェーン）**、**③顧客の視点（顧客価値）**、そして果実としての**④財務の視点（事業価値）**の４つの視点で構成されています。

　ロジックモデルはKPIを中心に展開していきますが、戦略マップでは視点ごとに直接KPIではなく、まず「〜をする」という「戦略目的（Strategic Objectives）」を決めることから始め、次にそれらを測定するためのKPIを設定する方法を取っています。

## ●戦略マップのCSV対応版

　著者は四半世紀にわたりBSCの研究とコンサルティングに関わってきました。その経験から、経済（財務）、社会そして環境というSDGsの３つの

側面を踏まえた「戦略マップ（CSV版）」のテンプレートを開発し提唱しています（拙著『〈新版〉【松原流】戦略マップ／BSCとOKRの連携教本』、『ビジネスモデル・マッピング教本』（日刊工業新聞社）を参照）。

　図の中央に示したように、SDGsの戦略への組み込みを強く意識した場合には、「インパクト」である環境・社会を独立した視点として、戦略マップの最上位に設置し、目標とその達成度を示すと共に、インパクトを創造する戦略のストーリーを「戦略テーマ」として記述します。なお、戦略マップとビジネスモデル・マップ（BM-Map）との関係については【7-①-1】で取り上げています。

●CSVの３つの領域

　次の項からは、CSV（共通価値の創造）の３つの領域（☞4-③-3）にしたがって、①製品／サービス・レベル、②バリューチェーン・レベル、そして③地域エコシステム・レベルごとの戦略マップ(CSV版)を紹介します。

**戦略マップ（CSV版）**

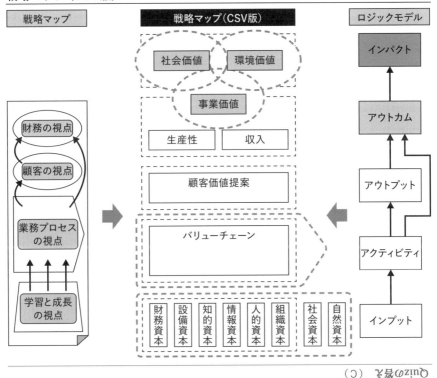

## 2 新製品／サービスの開発での戦略マップ

**Q**uiz#080 「新製品／サービスの開発」によるCSVに関する記述として、適切でないものは次のうちどれでしょうか。

（A）環境と社会課題の解決に役立つ新製品／サービスの開発戦略。

（B）ビジネス価値を犠牲にしても、環境と社会課題の解決を目指す戦略。

（C）狙った以外の目標への負のインパクトなど、トレードオフに留意する必要がある。

---

### ●製品／サービスの開発によるCSV

共通価値を創造するひとつ目のレベルとして、**サステナビリティとSDGsに貢献する製品／サービスの研究・開発**があります。

選定したSDGsの重要課題／目標への貢献（正のインパクト強化）を目指してクローズドあるいはオープンでイノベーション（☞**7-②-5**）する方法により、

・新製品やサービスを開発する

・既存の製品やサービスを基にした解決策を提供する

・新規事業を創出する

などが挙げられます。

健康志向に向けた酒類・たばこ業界や、脱炭素社会に向けた炭素集約型事業などでは、不買運動やダイベストメント（投資や金融資産の引き揚げ）などの逆風の中にあって、新製品／サービスの開発によるCSVに取り組むケースも見られます。

### ●戦略ストーリーの見える化

図に示した戦略マップ（CSV版）は、SDG3（すべての人に健康と福祉を）に貢献することを目的として、健康上の成果の向上に資する製品、

サービスそしてビジネスモデルを調査、開発し展開するという戦略のストーリーを示しています。

この新製品／サービスの開発のレベルでのCSVのアクションには中長期の投資が必要になります。戦略マップ上のグレーの長方形は、「**戦略目的（Strategic Objectives）**」と呼ばれています。戦略マップでは、まずこの戦略目的を設定してから、その達成度を測定するために、平均２件程のKPIを設定し、戦略の達成状況をモニタリングします。

この新製品／サービスの開発に当たっては、食品業界におけるパーム油のケースもあるように、新製品やサービスが、その他のSDGsに与える負のインパクトを回避できるよう企画、開発、提供することに留意する必要があります。(☞2-③-2)

**製品／サービス・レベルの共通価値の創造の戦略マップ**

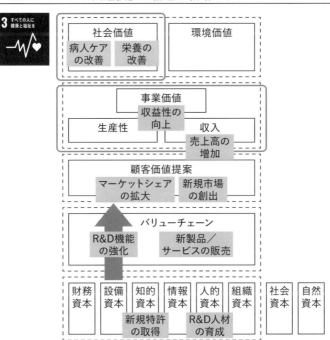

# 3 バリューチェーンの改善・革新を戦略マップで見える化する

**Q**uiz#081 「バリューチェーンの改善・革新」によるCSVに関する記述として、適切でないものは次のうちどれでしょうか。

（A）自社のバリューチェーンのみを対象とするべきである。

（B）サプライチェーンの上流および下流を含むべきである。

（C）バリューチェーン・マップを受けて戦略を策定するアプローチが良い。

## ●バリューチェーンの改善・改革によるCSV

共通価値を創造する２つ目のレベルとして、**サステナビリティとSDGsに貢献するバリューチェーン／サプライチェーンの改善・改革**があります。

サステナビリティ・プロセスにおいて、「**バリューチェーン・マップ**」で棚卸しを実施（☞5-②-1）し、マテリアリティを特定（☞5-③-1）しました。このときに大切なのは、SDGsの重要課題／目標への貢献（正のインパクトの増加や負のインパクトの最小化）と共に、次のようにバリューチェーンの生産性を向上させてビジネス価値の向上を達成することです。

・効率化によるコスト削減

・資源消費量の削減

・物流コストの見直し

・調達先の育成を通じた高品質の材料の安定供給

## ●戦略ストーリーの見える化

図の下段に示した「バリューチェーン・マップ」を受けて戦略マップ（CSV版）では、SDG 8（働きがいも経済成長も）に貢献することを目的として、「サプライチェーンをまたがったすべての従業員と労働者に対して、働きがいのある人間らしい仕事ができる環境を支援する」という戦略

のストーリーを示しています。

　戦略マップの上段にSDG 8 以外のSDGsのアイコンが掲載されているように、戦略マップを使ってストーリーを明示することで、ある重要課題への対応が他のSDGsにも正や負のインパクトを与える可能性を確認し、コミュニケーションすることができます。

**バリューチェーン／サプライチェーン・レベルの共通価値の創造の戦略マップ**

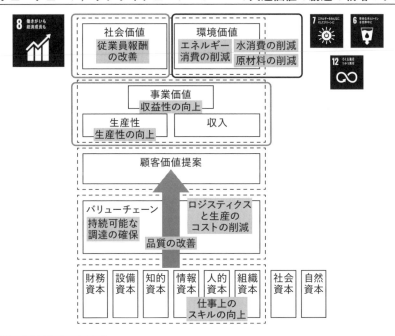

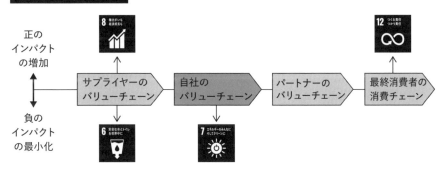

# **4** 地域エコシステムを支援し、自社にもプラスになる戦略マップ

**Q**uiz#082 「地域エコシステムの支援」によるCSVに関する記述として、適切でないものは次のうちどれでしょうか。

（A）エコシステム（生態系）なので地域の自然環境面への支援を意味する。

（B）企業が拠点を置く地域を支援する産業クラスター（集積）の形成を意味する。

（C）地域の活性化や教育施設などへの社会的支援を意味する。

## ●地域エコシステムの支援によるCSV

共通価値を創造する3つ目のレベルとして、**サステナビリティとSDGsに貢献する地域エコシステムの支援**があります。関連する戦略テーマとしては、

・企業が拠点を置く地域を支援する産業クラスター（集積）を形成する

・サプライヤー、サポート機関と協業する

などが挙げられます。

## ●戦略ストーリーの見える化

図に示した戦略マップ（CSV版）は、SDG2（飢餓をゼロに）に貢献するため、自社が業務を行なう周辺のすべてのコミュニティにおける、栄養不良と飢餓を終わらせられるよう、食品の製造、流通そして小売の改善・改革を支援するという戦略のストーリーを示しています。

この戦略の代表的なケースとして、ヒンドゥスタン・ユニリーバの「シャクティ・イニシアチブ」を挙げることができるでしょう。この取り組みは、貧しくて、現在同社の顧客ではない層（非消費者）を対象に、地元銀行やマイクロファイナンス（貧困層向け小口金融）とパートナーを組むことによって、地元の女性の起業を支援し、営業要員としての適切なト

レーニングとサポートを提供すると共に、小さな村への流通経路を整備して、地元住民にビジネスの機会を提供し、生活の改善を実現。さらに自社の商品（ハンドソープ、シャンプー）の売り上げと利益の増加という事業価値の向上の双方を実現しています。

● **キリンによる国産ホップ生産地域の支援のケース**

キリンホールディングスでは、高齢化による生産者の減少に加えて、温暖化で生産量が激減している国産ホップを絶やさないために、岩手県遠野市と提携しました。香りが高く新鮮な、地域のホップ全量を買い上げ、期間限定のビールとして発売し「ビールの里」にする街づくりを支援しています。

**地域エコシステム・レベルの共通価値の創造の戦略マップ**

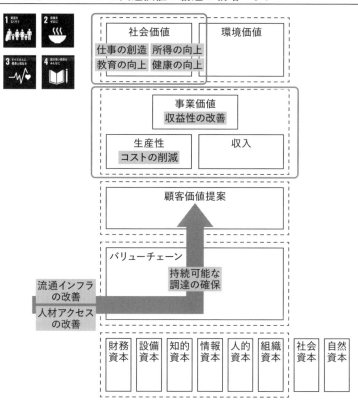

戦略コミュニケーション
「戦略マップ（CSV版）」

# KPIの活用方法は進化している

**Q**uiz#083　KPIの活用に関する記述として、誤っているのは次のうち
どれでしょうか。

（A）KPIは工場などの現場管理への活用に限定される。

（B）KPIは戦略マップの戦略目的の達成度を測るのに活用される。

（C）KPIは環境と社会課題へのインパクトの測定に活用される。

## ◉KPIの意味

　不要な情報としての「ノイズ」をはじき、次に取るべき行動の引き金と
なる有用な情報が「**KPI**」です。図の上部に示すように、KPIはKey
Performance Indicatorの略称で、日本語では「重要業績評価指標」と訳さ
れています。KPIの「P（パフォーマンス）」は機械などの性能を意味し
ます。戦後の日本では、製造業の工場などを中心にTQC／TQM（総合的
品質管理）が盛んに推進される中、KPIという用語が現場管理の領域で広
まっていきました。

　KPIの日本語訳としては、**重要**業績評価指標の他に**主要**業績評価指標と
訳す場合もありますが、KPIのKeyの意味は、一般論としての「主要な」
ではなく、「その主体が置かれている環境において重要な」という意味が
あり、重要と訳すのが適切であると考えます。

## ◉戦略のストーリーを伝える「戦略マップ」の登場

　戦略マネジメントのプロセスは、大きく策定と実行の2つのフェーズに
分けることができます。「戦略の策定」フェーズについては、学者やコン
サルティング会社によりさまざまなアプローチや手法が開発され公表され
てきているのですが、「戦略の実行」フェーズを支援するフレームワーク
はあまり存在していませんでした。「戦略マップ」は、バランス・スコア

カード（BSC）を導入していた複数の組織体から自然発生的に誕生したものを、BSCの提唱者であるキャプランとノートンが、1998年頃に「**戦略マップ（Strategy Map）**」と名付け、汎用的なフレームワークとして発表したものです。(☞6-①-1) 戦略マップは、戦略を「戦略目的」とその達成度を測定するKPIのつながりで捉えるフレームワークです。

### ●環境と社会課題へのインパクト測定に活用

　事業活動には、インプット（投入）、アクティビティ（活動）そして、製品等の売上高などのアウトプット（結果）という一連の流れがありますが、事業のミッションを考えた時に、製品等が便益を提供した「アウトカム（成果）」を捉えることが重要になります。さらに、社会と環境を取り扱うSDGsへの貢献を念頭に置いた場合、製品等が社会や環境に与える「インパクト（影響）」を把握することが求められます。

　SDGsの各ターゲットに対応する指標（グローバル指標）は、このインパクト・レベルに相当するKPIです。(☞2-①-5)

## KPI（重要業績評価指標）活用の進化

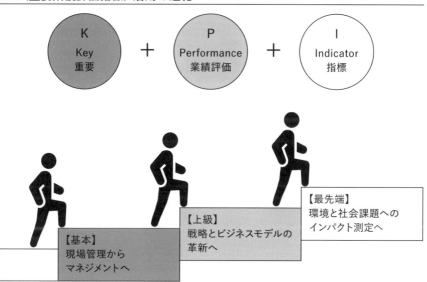

**1**

# 「資本」概念は時代を反映

$\mathbf{Q}$uiz#084　資本概念に関する記述として、誤っているのは次のうちどれでしょうか。

（A）資本の概念は、経済・社会の発展により進化してきた。

（B）企業価値に占める知的資本の重要性が増してきている。

（C）自然は資本には該当しない。

### ●ヒト、モノ、カネそして情報

　図の（1）に示すように、経営資源を表現するのに「ヒト、モノ、カネ、情報」という言葉があります。企業価値に占める知的資本の重要性はますます高まっています。著者は、経営資源について、戦略マップ（CSV版）(☞6-①-1)とビジネスモデル・マップ(☞7-①-1)のテンプレートとして、図の（2）に示すように分類しています。

　図の（3）は、統合報告を公表しているIIRC（国際統合報告評議会）(☞5-⑤-1)による**資本の6つの分類**と解説を簡単にまとめたものです。

### ●資本概念の発展

　図からもわかるように、資本にはさまざまな形態があり、その相対的な重要性は長期にわたって変化してきました。ジーン・ガーナー・ステッドによる解説の一部を紹介しておくことにしましょう。

①長らく、労働力に対して財務的および物理的資産が資本であった。

②金融市場の成長により、実態資本と区別するために「金融資本」という言葉ができた。

③サービス経済の成長により、企業の投資対象として「**人的資本**」という言葉が生まれた。

④技術、特許、著作権などの「知的資本」と、従業員が共有するスキルに

基づいた組織的学習としての「知識資本」が登場した。

⑤生態系上の価値を認識するために、土地が「**自然資本**」と再定義された。

⑥経済のネットワーク化により、つながりに価値を見出す「**社会資本**」の
重要性が高まった。

## 資本概念

(1)経営資源

| カネ | モノ | | 情報 | ヒト |
| --- | --- | --- | --- | --- |
| 物理資本 | | 知的資本 | | |

(2)戦略マップ(CSV版)
　ビジネスモデル・マップ

| 金融資本 | 設備資本 | 知的資本 | 情報資本 | 人的資本 | 組織資本 | 社会・関係資本 | 自然資本 |
| --- | --- | --- | --- | --- | --- | --- | --- |

(3)IIRCによる6つの資本

| 財務資本 | 製造資本 | 知的資本 | | 人的資本 | | 社会・関係資本 | 自然資本 |
| --- | --- | --- | --- | --- | --- | --- | --- |
| 資金プール | 製造された物体(自然の物体と区別される) | 組織の知識ベースの無形資産 | | 人々のコンピテンス、能力と経験、そしてイノベーションに対するモチベーション | | 個々のコミュニティ、ステークホルダーグループそして他のネットワーク組織内または相互の関係 | すべての再生可能および再生不能な環境資本とプロセス |

参照:IIRC「I〈IR〉フレームワーク」2013 他に基づき作成

## 2 自然資本と人的資本

**Q**uiz#085　自然資本と人的資本に関する記述として、誤っているのは次のうちどれでしょうか。

（A）人的資本は、貸借対照表の資産の部に計上されない。

（B）自然資本の測定には困難が伴うことが多い。

（C）人的資本と自然資本との間には相互関係は存在しない。

● **人的資本**

　人的資本とは、IIRCによれば、人々のコンピテンス、能力と経験、そしてイノベーションに対するモチベーションを指し、次の項目が含まれます。

・組織の戦略を理解し、開発し、実践する能力

・プロセス、商品、そしてサービスの改善への忠誠心とモチベーション

　岸田政権が2022年6月にまとめた「新しい資本主義」の柱のひとつに、「人への投資」があり、「人的資本の情報開示指針」を2022年に取りまとめる予定としています。そこで、開示が望ましいとしている19の項目には、次の項目が含まれます。

リーダーシップ、育成、スキル／経験、エンゲージメント、採用、維持、サクセッション、ダイバーシティ、非差別、育児休暇、精神的健康、身体的健康、安全、労働慣行、児童労働／強制労働、賃金の公平性、福利厚生、組合との関係、コンプライアンス／倫理

● **自然資本**

　自然資本とは、IIRCによれば、すべての再生可能および再生不可能な環境資本とプロセスを指し、次の項目が含まれます。

・空気、水、土地、鉱物

・生物多様性とエコシステムの健全性など

　植物や花粉媒介者、海を臨む家からの景観から地球の気候まで、自然資本は多岐にわたり、その測定方法は複雑です。

● 自然資本・人的資本・人工資本の相互関係

　図は、自然資本・人的資本・人工資本について、相互関係を示したものです。自然資本が与えるばかりの状況にあることが分かります。

　自然資本もISSBの対象範囲であり、また自然資本等に関する企業のリスク管理と開示方針の枠組みとして「TNFD（自然関連財務情報開示タスクフォース）」が組織されています。

**資本の相互作用と開示基準**

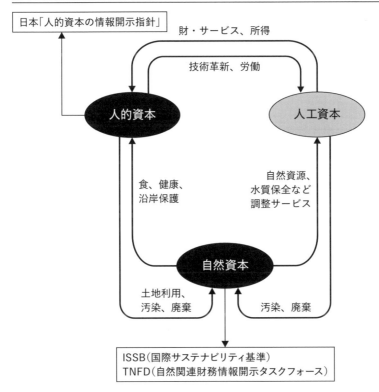

出典：P. ダスグプタ WWF ジャパン訳「生物多様性の経済学：ダスグプタ・レビュー要約版（日本語版）」、2020 を参照し加筆

# 3 サステナビリティ関連情報の開示
適切なコミュニケーション

# 1 先行する企業の統合報告書から学ぶ

**Q**uiz#086 統合報告書の実態に関する記述として、誤っているのは次のうちどれでしょうか。

(A) 日本では統合報告書の発行は任意であるため、現在その発行体の数は100に満たない。

(B) 統合報告の国際的なフレームワークが開発されて既に10年近くが経っている。

(C) 日本の統合報告の先進企業の中には、SDGs達成に向けた取り組みを開示しているものもある。

● **統合報告の普及**

　IIRCが2013年に**国際統合報告フレームワーク（I〈IR〉フレームワーク）**（☞5-⑤-1）を発行したことをきっかけに、欧州、英連邦諸国そして日本で統合報告書を発行する企業が増加しました。2021年には600社を超す日本企業が統合報告書を発行したとされています。

（注記）IIRCは、2021年6月にSASB（サステナビリティ会計基準審議会）と統合し、VRF（価値報告財団）となり、2022年8月にIFRS財団と統合しています。（☞6-③-3）

● **統合報告優秀企業**

　統合報告は、投資家をはじめとするステークホルダーが、発行体によるサステナビリティ・マネジメントを自社の戦略にどう取り込んでいるかと、財務と非財務の統合を知る上で有用な企業報告と位置付けられています。日本国内では、WICI（World Intellectual Capital/Assets Initiative：世界知的資本・知的資産推進構想）の日本組織である**WICIジャパン**が2013年から、表に示したように毎年継続して統合報告優秀企業を表彰していま

す。統合報告書の優秀企業の一社であるオムロンは、「統合レポート」2016年版からSDGsへの積極的貢献を明記しています。またCSV経営を推進するキリンホールディングスは「KIRIN CSV REPORT 2020」でCSVコミットメントをSDGsのターゲットと結び付けて開示するなどCSV／SDGs戦略の積極的な開示が広がりを見せています。

　同じ業界に属する企業もしくは、業界を限定することなく、先行企業の統合報告書を参考にすることを勧めます。

**「統合報告優秀企業賞」歴代受賞企業一覧（WICIジャパン）**

| 年 | 賞 | 受賞企業名 |
| --- | --- | --- |
| 2013 | 統合報告優秀企業賞 | 伊藤忠商事、オムロン、ローソン |
| 2014 | 統合報告優秀企業賞 | 伊藤忠商事、オムロン、ローソン、堀場製作所、三菱商事 |
| 2015 | 統合報告優秀企業賞 | 伊藤忠商事、オムロン、アサヒグループホールディングス、MS&ADインシュランスグループホールディングス |
| 2016 | 統合報告優秀企業賞 | 伊藤忠商事、オムロン、MS&ADインシュランスグループホールディングス、日本精工 |
| | 統合報告奨励賞 | 日立化成 |
| 2017 | 統合報告優秀企業大賞 | 伊藤忠商事、オムロン |
| | 統合報告優秀企業賞 | MS&ADインシュランスグループホールディングス、日本精工 |
| | 統合報告奨励賞 | 味の素、住友金属鉱山、第一工業製薬 |
| 2018 | 統合報告優秀企業大賞 | MS&ADインシュランスグループホールディングス |
| | 統合報告優秀企業賞 | 味の素、コニカミノルタ、大和ハウス、日本精工 |
| | 統合報告奨励賞 | シメックス、丸井グループ |
| 2019 | 統合報告優秀企業大賞 | 日本精工 |
| | 統合報告優秀企業賞 | アサヒグループホールディングス、コニカミノルタ、中外製薬、丸井グループ |
| | 統合報告奨励賞 | 日立製作所 |
| 2020 | 優秀企業賞 | 伊藤忠商事、日立製作所 |
| | 優良企業賞 | 味の素、エヌ・ティ・ティ・データ、三菱ケミカルホールディングス |
| | 特別企業賞 | カゴメ、住友金属鉱山、東京応化工業、日本ユニシス |
| 2021 | Gold Award | 伊藤忠商事、MS&ADインシュランスグループホールディングス、ニチレイ、日本精工 |
| | Silver Award | デンソー、日立製作所 |
| | Bronze Award | 住友金属鉱山、東京応化工業、ナブテスコ |
| | Special Award | アンリツ、三菱UFJフィナンシャル・グループ |

※賞のタイトルは、年度により更新される場合がある。「優秀企業大賞」を受賞した企業は、一定年数受賞対象とはしないこととされた。
参照：WICIジャパン資料を基に作表

（A）え答のziuQ

## 2 気候変動関連の情報を開示することが当たり前の時代へ

**Q**uiz#087　気候変動関連情報開示に関する「TCFD提言」に関する記述として、誤っているのは次のうちどれでしょうか。

（A）日本の「TCFD提言」への賛同機関の数は、世界的に見て少ない。

（B）「TCFD提言」の適用は任意である。

（C）東京証券取引所プライム市場に上場する企業は、「TCFD提言」に準拠した開示が求められている。

---

● **「TCFD提言」**

　**TCFD提言**」は、G20首脳会議の下に設置された金融安定理事会（FSB）のタスクフォースである「気候変動関連財務情報開示タスクフォース（Task Force on Climate-related Financial Disclosures）」により、2017年に提出・公表された最終報告書で、企業や金融機関が気候変動に関連する財務リスクや潜在的な影響に関する首尾一貫した情報を開示することを求めた提言です。

　本提言への賛同企業・機関の数は、世界全体で3,395、日本では878と国別では最多となっています。（2022年5月30日現在）

　提言では、気候関連のリスクと機会を、以下の2つに分類して示しています。

①異常気象の影響などに伴う資産損傷といった、財務への直接的な影響や、サプライチェーンの寸断などの間接的な影響からなる「**物理的リスク**」。激しいものと慢性的なもの

②低炭素経済への移行に伴い生じる「**移行リスク**」

●**東証プライム市場の要請**

　2021年6月の「コーポレートガバナンスコード（改訂版）」では、サス

テナビリティをめぐる課題への取り組みとして、2022年4月から開始された東京証券取引所プライム市場に上場する企業に対して、TCFD提言またはそれと同等の国際的枠組みに基づく気候変動関連情報の開示の質と量の充実を求めています。この同等の国際的枠組みには、ISSBの「IFRS S2 気候関連開示」(S2基準)(☞6-③-4) が含まれているものと考えられます。

## ●TCFDの4つの開示項目

開示項目としては、**①ガバナンス**、**②戦略**、**③リスク管理**、**④指標と目標**の4つが挙げられており、これはISSBにも引き継がれることになります。

## ●GHG排出量の発生源による分類

データの補捉の困難性から課題となっているのが、温室効果ガス(GHG)排出量の発生源による分類のうちの「スコープ3」です。

- スコープ1：企業自身によるGHGの直接排出
- スコープ2：他社から購入した電気、熱、蒸気の使用に伴う間接排出
- スコープ3：スコープ1と2以外の間接排出(サプライチェーン全体)

### 気候変動関連財務情報「TCFD提言」

◆気候変動に関する財務リスクの分類

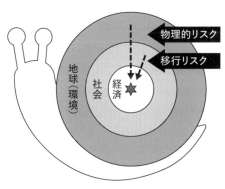

| 分類 | 内容 |
|---|---|
| 物理的リスク<br>(physical risks) | \*異常気象(台風、洪水、沿岸漏水、森林火災など)の影響などに伴う資産損傷といった財務への直接的なリスク<br>\*サプライチェーンの寸断などの間接的なリスク<br>・急性的と慢性的影響 |
| 移行リスク<br>(transition risk) | \*低炭素経済への移行に伴い生じるリスク<br>・政策と法(カーボンプライシング他)<br>・テクノロジー<br>・市場と評判 |

◆TCFDの4つの開示項目

| ガバナンス | 戦略 | リスク管理 | 指標と目標 |
|---|---|---|---|
| 気候関連のリスクと機会に関する組織のガバナンス | 気候関連のリスクと機会が、組織の事業、戦略、財務計画に及ぼす実際・潜在的な影響 | 組織がどのように気候関連リスクを特定、評価、管理するのか | 気候関連のリスクと機会を評価、管理するために使用される指標と目標 |

Quizの答え　(A) イ

## **3** 2つの流れにまとまりつつある サステナビリティ情報開示

**Q**uiz#088　サステナビリティ情報開示をめぐる国際的動向に関する記述として、誤っているのは次のうちどれでしょうか。

（A）国際的なフレームワークは現在、乱立状態にある。

（B）IFRS財団の下のISSB[※]に一本化される方向にある。

（C）IFRS財団の下のISSBは、投資家を主たる報告先とする立場を取っている。

※ISSB（国際サステナビリティ基準審議会）

---

### ●サステナビリティ情報開示は2つに収斂する方向

　サステナビリティ関連情報開示については、複数の機関から基準やフレームワークが公表されており、発行体と利用者の双方に混乱があります。これに対応するべく、

- ・2020年9月に関連5団体（IIRC、SASB、CDP、CDSB、GRI）が、包括的な企業報告の実現を目指す共同声明を発表し、
- ・2021年6月にIIRCとSASBが統合してVRF（価値報告財団）を設立するなど、国際的に収斂させようとする活動が一挙に活発化しています。

　図に示したように、サステナビリティ情報開示は、大きく次の2つの流れに収斂されてきています。

**①IFRS財団のISSB（国際サステナビリティ基準審議会）**：投資家を主たる報告先としたサステナビリティ財務関連情報を中心とした開示。

**②欧州委員会のCSRD（企業サステナビリティ報告指令）**：環境／自然と社会／人間への影響を含む、サステナビリティ情報。

### ●ISSBの動き

　**IFRS財団**は2022年6月に、ISSBを設置し、そこへVRFとCDSB（気候

変動開示基準委員会）が加わっています。

　IFRS財団はIASB（国際会計基準審議会）において、IFRS（国際財務報告基準）の策定など国際的な基準づくりの実績を持っており、今回のISSBの設置により、投資家を主たる読者とする「サステナビリティ関連財務開示」の二極が形成されてきています。

●**欧州委員会の動き**

　一方で、欧州委員会は、サステナブル・ファイナンス推進の観点から、2022年にEU加盟国の国内企業を対象とした「**CSRD（企業サステナビリティ報告指令）**」などを設定しています。

**サステナビリティ情報関連組織の動き**

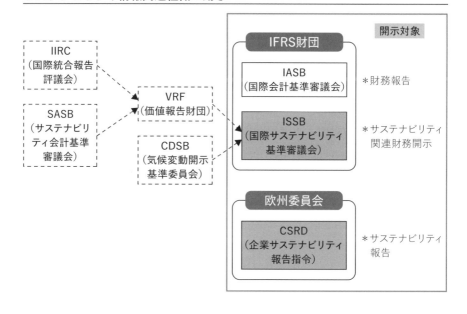

**Q**uiz#089　ISSBの開示要件に関する記述として、誤っているのは次の
うちどれでしょうか。

（A）全体、テーマ別そしてセクター別の３種類の基準が用意される。

（B）報告内容としては「TCFD提言」と同様の構成をとっている。

（C）ISSB基準を各国が勝手にカスタマイズすることは容認されていない。

●ISSBのIFRS S1

「IFRS S1：サステナビリティ関連財務情報開示に関する全般的要求事項
（案）」は、基準の目的を次のように定めています。

- ・一般目的財務報告の主要な利用者が、
- ・企業価値を評価し、企業に資源を提供するかどうかを決定する際に有
  用な、
- ・企業の重大なサステナビリティ関連のリスクおよび機会に関する情報
  の開示を企業に要求すること。

欧州委員会がマルチステークホルダーを対象にしているのに対して、
IFRS財団傘下のISSBは投資家を主たる対象としています。

●ISSBの開示基準の構成

ISSBの基準は、図の左側に示したように、次の３種類の基準から構成
されています。

①**全般的要求事項**：サステナビリティ開示に共通して要求される事項（報
　告目的、コアコンテンツ、全般的特徴、準拠表明など）を規定

②**テーマ別基準**：セクターを問わず企業価値に影響を与える内容を規定

③**セクター別基準**：セクターに関するトピックの特定と指標や開示項目を
　規定

優先度の高い次の2つについては、2022年3月に公開草案が公表され、2022年中に策定が完了する予定です。

①全般的な要求事項として「**IFRS S1：サステナビリティ関連財務情報の開示に関する要求事項**」(S1基準)

②テーマ別基準として「**IFRS S2：気候関連開示**」(S2基準)

　そして、テーマ別基準として、生物多様性などが順次公表される予定です。

### ●報告の4つの柱

　ISSBでは報告内容として、図の右上に示した報告の4本柱（①ガバナンス、②戦略、③リスク管理そして、④指標と目標）を掲げています。この構成は「TCFD提言」(☞6-③-2)を参考にしたものです。

### ●ビルディングブロック・アプローチ

　ISSBは、図の右下に示したように、ISSBが報告基準のベースラインを提供し、その上に各国が政策の優先順位に基づいて、より広範な要求事項や特定の開示要求事項を追加するという「ビルディングブロック・アプローチ」を採用しているところに特徴があります。

**ISSB開示基準の構成と4つの柱**

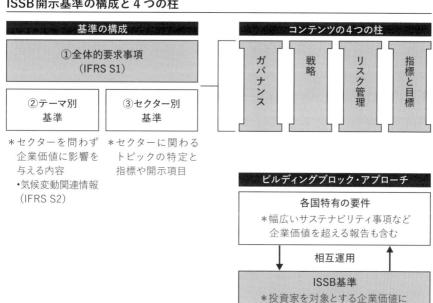

## 5 「ダブル・マテリアリティ」とは何か

**Q**uiz#090　ダブル・マテリアリティに関する記述として、正しいものは次のうちどれでしょうか。

（A）財務情報として、売上高と利益の双方に重要な影響を及ぼす事項を指す。

（B）財務と非財務情報の双方に重要な影響を及ぼす事項を指す。

（C）「サステナビリティ関連財務開示」と「サステナビリティ報告」の双方を指す。

### ●マテリアリティの意味

　ビジネスにおける意思決定においても、またステークホルダーへの報告においても、重要性に配慮した選択と集中がキーとなります。【5-③-1】で取り上げたように、「マテリアリティ」とは重要性という意味で、元々は、財務情報として報告すべき項目を決定するために、売上高や利益に与える影響の重要性に基づいて判断したものを、社会や環境等の非財務情報の報告にも応用した概念です。

### ●ダブル・マテリアリティとダイナミック・マテリアリティ

　「**ダブル・マテリアリティ**」とは、図の②と③の双方を報告するもので、EUの「CSRD（企業サステナビリティ報告指令）」で採用されているものです。

　「②サステナビリティ関連財務開示」とは、企業の価値創造にとって重要なサステナビリティ・トピックスのサブセットのレポート、「③サステナビリティ報告」とは、経済、環境そして人（社会）に対する重要なインパクトのレポートを指します。

　なお、左側の図の下部に示した矢印は、代表的な報告基準がカバーする

範囲を表わしています。

　また、「**ダイナミック・マテリアリティ**」とは、サステナビリティ・トピックスが、時間の経過と共に企業価値に影響を与え、財務諸表にも取り込まれるものを指します。左の図では、③から②、②から①へと向かう矢印で表現されています。

## ●エスカルゴ・ダイアグラムで理解する

　以上を図の右に示した「エスカルゴ・ダイアグラム」（☞1-①-4）で確認して見ると、どのようになるでしょうか。

　気候変動を例に挙げれば、「サステナビリティ関連財務開示」は、主に気候変動が企業の発展、業績、財政状態等に与える影響を対象とする「シングル・マテリアリティ」であるのに対して、「サステナビリティ報告」、つまり企業が気候変動に与える影響を含めたものを「ダブル・マテリアリティ」を称しています。

### ダブル・マテリアリティとダイナミック・マテリアリティ

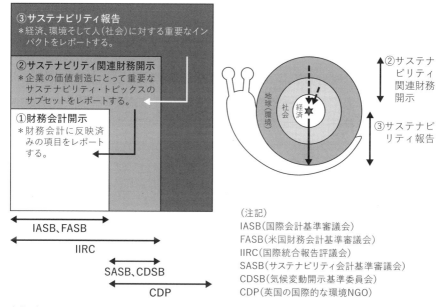

出典：左の図は'Statement of intent to Work Together Towards Comprehensive Corporate Reporting'2020を基に翻訳し編集。

# **6**　投資家向けだけでなく、従業員・一般消費者へのアピールも忘れない

$\mathbf{Q}$uiz#091　サステナビリティ関連情報のコミュニケーションに関する
記述として、誤っているのは次のうちどれでしょうか。

（A）ステークホルダーとのパワフルなコミュニケーション・ツールである統合報告書1本で充分である。

（B）統合報告書の発行に加えて、ステークホルダーとの対話の機会を広げることが有効である。

（C）市民に対しては、少数の重要な社会問題に対して、大胆かつ素早く意見を表明し行動することが有効である。

---

### ●ステークホルダー別のコミュニケーション

　企業報告は、読者ターゲットを意識することが重要です。IIRCのフレームワークでは、統合報告は投資家を含む資金の提供者をはじめとするステークホルダーを対象としています。(☞5-⑤-1) 統合報告書が、投資家のみならず従業員にとっても有効なコミュニケーション・ツールであると著者は認識していますが、100頁前後の冊子をすべてのステークホルダーが目にすることは期待できません。

　ポーターと共にCSVを提唱したクラマーは、図に示したように、ステークホルダーの特徴を踏まえた、次のようなコミュニケーションが有効であると指摘しています。

①**投資家**に対しては、社会や環境にインパクトをもたらすことで、経済的業績と競争優位が向上するとの明確なストーリーをアニュアルリポート／統合報告書に記載する。

②**企業監視機関**に対しては、継続的な対話や共同プロジェクトの運用による関係を構築する。

③**従業員**に対しては、株主価値の創出に留まらず、新製品、戦略、業務上の選択を通じて社会的意義を明確に打ち出し実行する。

④**顧客と一般市民**に対しては、ひとつか少数の重要な社会問題に対して、大胆かつ素早く意見を表明し行動する。

●**一般市民に強い印象を与えるコミュニケーション**

④の顧客と一般市民に対する行動で効果的だった例として例えば、
・ウォルマート他による、自動小銃の販売中止
・ペイパルによる、LGBT差別法が成立したノースカロライナ州における拠点設置計画の撤退
・CVS（ドラッグチェーン）による、たばこの店頭販売の打ち切り
などがあります。

海洋汚染問題でウミガメの鼻にストローが突き刺さった画像が注目された折に、飲食チェーンが大胆かつ速やかにプラスチック・ストローの提供中止を表明したことは、消費者に対するアピールとして効果的でした。

**オーディエンスに合わせたコミュニケーション**

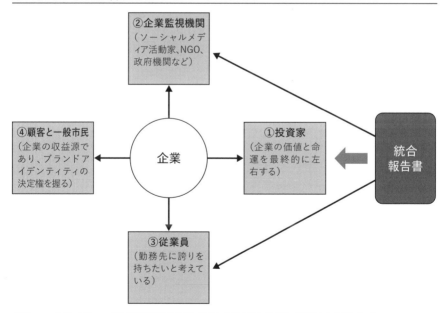

参照：マークR.クラマー「社会貢献活動を上手に知らしめる方法」DHBR、2019.2を参照し作成

Quizの答え　（A）

## Column

　サステナビリティ・マネジメントは、環境と社会に係る非財務情報のモニタリングと開示が最重要テーマになっています。

### ジェームス・ハリントン（米国 品質管理の専門家）

> あなたが、あるものを測定することができなければ、それを理解することはできない。理解できなければ、それを管理することはできない。管理できなければ、それを改善することはできない。

### ディーン・スピツアー（米国 パフォーマンス・マネジメントの専門家）

> 何を測定するかにより、世界の見方が変わってくる。（中略）旧式のレンズで世界を見続けている限り、決して新たな世界を見ることはできない。

Dean Spitzer"Transforming Performance Measurement"（2007）より、著者訳

### ジーン・ガートナー・ステッド（米国 イースト・テネシー州立大学経営戦略教授）

> 経済資本は人々の銀行口座の中にあり、人的資本は人々の頭の中にあり、社会資本は人間同士の関係に本来備わっているのだ。

## 第7章

# これからの時代の「サステナブルなビジネスモデル」

## 【ビジネスモデル】

# 1 まずはビジネスモデルを 「見える化」する

**Q**uiz#092 　一般にビジネスモデルを構成する要素として、最も適切な
記述は次のうちどれでしょうか。

（A）「儲ける仕掛け」を表わす財務の要素。

（B）「儲ける仕掛け」の「儲け」を示す財務と「仕掛け」を示すプロセ
スの2つの要素。

（C）ビジネスモデルの構造を示す財務、顧客、プロセスそして経営資源
の4つの要素。

---

● **ビジネスモデルの代表的な定義と見える化**

　単に「儲ける仕掛け」とも表現されることの多いビジネスモデルの定義
を確認しておくことにしましょう。

　米国の戦略コンサルタントのマーク・ジョンソンによる、「ビジネスモ
デルとは、ビジネスがどのようにして顧客と企業の双方に、価値を創造し、
提供するかを表現したものである。」（2010年）が、代表的な定義であると
考えられます。

　ジョンソンは、ビジネスモデルを、それを構成する利益方程式、顧客価
値提案、重要なプロセスそして重要な資源という4つの要素に分け、それ
らの相互関係で説明しています。

● **「ビジネスモデル・マップ（BM-Map)」を使った見える化**

　ビジネスモデルの現状（As-Is）の評価や、ビジョンとしてのビジネス
モデル（To-Be）を描くには、「見える化」することが有効です。ビジネス
モデルの見える化には、文章だけではなく図を用いることが、ビジネスモ
デルの評価、優れたビジネスモデルとのベンチマーキング、そして新たな
ビジネスモデルの構想などに大いに役立ちます。

アレックス・オスターワルダー他の「ビジネスモデル・キャンバス」、著者の「ビジネスモデル・マップ（**BM-Map**）」など、ビジネスモデルを見える化するフレームワークは複数開発されています。

　BM-Mapは、事業戦略をコミュニケーションするフレームワークとしてキャプランとノートンが提唱した「戦略マップ／BSC（バランス・スコアカード）」（☞6-①-1）とフレームワークを共有することにより、ビジネスモデルと事業戦略を連携させていることに特徴があります。ビジネスモデルを、その構成要素と相互関係を地図（マップ）のように図示するのが基本的な構造です。

　図の左側に示したBM-Mapを見てみましょう。上段にある事業価値と顧客価値の2つの構成要素は、ビジネスモデルの定義の「顧客と企業の双方に向けた」に相当します。下段のバリューチェーンと経営資源の2つの構成要素は、「価値の創造と提供の仕組み」に相当します。さらに、構成要素間の補完関係の適切性を見える化しています。

## ビジネスモデルと戦略の連携〜 MAPによるフレームワークの共有

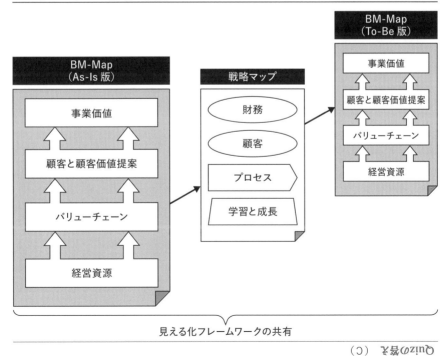

Quizの答え　（C）

# 1

## 新しいビジネスの進め方
### サステナブル・ビジネスモデル

# 2

# サステナブルなビジネスモデル構想のポイント

**Q**uiz#093　サステナブルなビジネスモデルに関する記述として、誤っているのは次のうちどれでしょうか。

（A）ビジネスモデルの成果としてビジネスに加えて、環境と社会価値を含める。

（B）ビジネスモデルの仕掛けとして、CSVの概念を取り入れる。

（C）サステナビリティは新たな概念であり、参照すべきビジネスモデルのパターンは存在しない。

● **サステナブルなビジネスモデルを見える化するBM-Map**

経営戦略学者のマイケル・ポーターは、「効果的な戦略とは、すべてのシステムを顧客価値提案に合わせることである」と戦略的フィットの重要性を説いています。サステナブルなビジネスモデルの構築には、ビジネスモデルの4つの構成要素（☞7-①-1）に加えて、新たに「環境と社会価値」を追加する必要があります。そこで、図の中央に示すサステナブル・ビジネスモデルに対応したBM-Mapのテンプレートを開発しました。

● **サステナブルなビジネスモデルの構想**

サステナブルなビジネスモデルを構想する際のポイントについて考えてみることにしましょう。本書で取り上げてきたコンセプトやアプローチが役立ちます。

①TBL／トリプル・ボトムライン（☞4-③-3）、ドーナツ・エコノミクス（☞4-②-1）、プラネタリーバウンダリー／地球の限界（☞1-①-1）、そしてSDGs（☞第2章、第3章）といった、サステナビリティ・マネジメントの基本的なコンセプトやフレームワークを充分に理解し、必要に応じて「パーパス」の見直し（☞4-③-2）を行ないます。

②中長期の将来像である「ビジョン」を設定します。その際に、BHAG／
　ビーハグを念頭に、バックキャスティングの手法を用いることになりま
　す。(☞2-①-6)

　これらを反映して、BM-Map（To-Be版）のトップに、結果（成果やイ
　ンパクト）として、ビジネスに加えて、環境と社会価値を示します。

③そのビジョンを達成するための仕掛けを、CSV／共通価値の創造（☞4-
　③-3）のコンセプトに基づいて策定します。

　参照モデルとして、本章の次項以下で紹介するサーキュラーエコノミー
／循環経済（☞4-④-2）をはじめとする有効なビジネスモデル・パターン
を積極的に活用することを勧めます。

## サステナブル・ビジネスモデル　考慮すべき要素

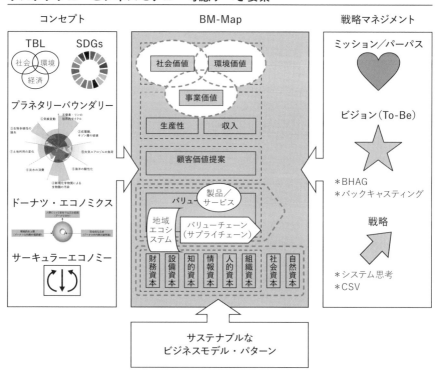

## **3**　サステナブルなビジネスモデルのパターン

$\mathbf{Q}$uiz#094　サステナブルなビジネスモデルのパターンに該当しないものは、次のうちどれでしょうか。

（A）サーキュラーエコノミーの実現を支援するビジネスモデル。

（B）大量生産、大量消費のリニア型のビジネスモデル。

（C）シェアリングエコノミーを実現するビジネスモデル。

● **クリエイティビティとは「まねる」こと**

クリエイティビティ（創造性）を象徴する天才たちが残した言葉を紹介しておきましょう。

「創造性とは物事を接続させることである」（スティーブ・ジョブズ）

「創造的思考とは、組み合わせ遊びである」（アルベルト・アインシュタイン）

「優れた芸術家はまねる、偉大な芸術家は盗む」（パブロ・ピカソ）

サステナブルなビジネスモデルなどのイノベイティブなビジネスモデルを創造するにも、次の方法により先例に学ぶことが有効です。

① 模倣する価値のあるビジネスモデル・パターンを、「類似例（Analogs）」として模倣する。

② 先例を「反例（Antilogs）」として、その逆を行なう。

③ 業種の壁を越えてさまざまなビジネスモデルから学ぶ。

著者は、ビジネスモデル・パターンを学ぶことにより、ビジネスモデルの評価・改良・革新に当たって利用可能な「引出しを」増やすことを勧めています。

● **サステナブル・ビジネスモデルのパターン**

サステナブル・ビジネスモデルのパターンとは、何も新規に開発された

ものに限定されるわけではありません。従来から機能しているビジネスモデルにデジタル／ICTの要素を加えることで、破壊的なビジネスモデルとなるものも含まれます。(☞7-①-4)

　サステナブル・ビジネスモデルにはどのようなパターンがあるのでしょうか。

　図の左側は、サーキュラーエコノミー (☞4-④) を主導するエレン・マッカーサー財団が「**サーキュラーエコノミーを実現する5つのビジネスモデル・パターン**」で紹介しているビジネスモデルのパターンです。また、図の中央はSDGsをビジネスの領域で主導するUNGC（国連グローバル・コンパクト）他による「**SDGs達成のための革新的ビジネスモデル**」で取り上げられているビジネスモデルのパターンです。

　サステナブル・ビジネスモデルの主要なパターンに関する両者の認識は類似していることがわかります。これらを踏まえて、著者がまとめた6つのビジネスモデルを図の右側に示し、本書の関連する章や項を示してあります。

## サステナブル・ビジネスモデルの主要なパターン

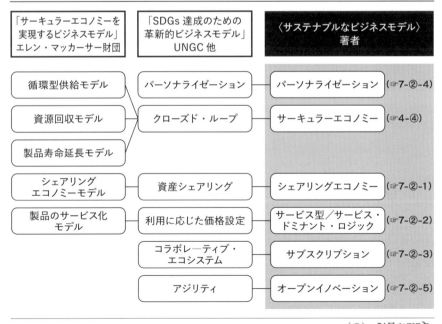

| 「サーキュラーエコノミーを実現するビジネスモデル」エレン・マッカーサー財団 | 「SDGs 達成のための革新的ビジネスモデル」UNGC 他 | 〈サステナブルなビジネスモデル〉著者 | |
|---|---|---|---|
| 循環型供給モデル | パーソナライゼーション | パーソナライゼーション | (☞7-②-4) |
| 資源回収モデル | クローズド・ループ | サーキュラーエコノミー | (☞4-④) |
| 製品寿命延長モデル | | | |
| シェアリングエコノミーモデル | 資産シェアリング | シェアリングエコノミー | (☞7-②-1) |
| 製品のサービス化モデル | 利用に応じた価格設定 | サービス型／サービス・ドミナント・ロジック | (☞7-②-2) |
| | コラボレーティブ・エコシステム | サブスクリプション | (☞7-②-3) |
| | アジリティ | オープンイノベーション | (☞7-②-5) |

# 4 SDGsとデジタル・トランスフォーメーションのつながり

**Q**uiz#095　デジタル・トランスフォメーション（DX）に関する記述として、誤っているのは次のうちどれでしょうか。

（A）DXとは革新的なデジタル技術の開発そのものを指す。

（B）SDGsの達成にはDXが欠かせない。

（C）デジタル技術は、既存のビジネスモデルをよりパワーアップしたり、まったく新たなビジネスモデルを創造するイネイブラーとなる。

●デジタルトランスフォーメーション（DX）の起源と意味

「デジタル・トランスフォーメーション（Digital Transformation：DX）」という用語自体は、エリック・ストルターマンが2004年に「ITの浸透が、人々の生活をあらゆる面でより良い方向に変化させる」という文脈で提唱したのが始まりとされています。すでに20年近くが経過し、新語が生まれては消えてゆくICT関連の用語としては古株といってよいでしょう。

　経済産業省は、ビジネス領域におけるDXを次のように定義しています。「企業がビジネス環境の厳しい変化に対応し、データとデジタル技術を活用して、顧客や社会のニーズを基に、製品やサービス、ビジネスモデルを変革するとともに、業務そのものや、組織、プロセス、企業文化・風土を変革し、競争上の優位性を確立すること」

●サステナブルなビジネスモデルを支える破壊的テクノロジー

　図は、UNGC（国連グローバル・コンパクト）が、SDGsの対象とする2030年までに活用可能なテクノロジーとして公表した「**SDGsにインパクトを与える12の破壊的テクノロジー**」をまとめたものです。ここでは、12のテクノロジーとSDGsとの接点を簡単に整理しておきます。

**1）人間を模倣する技術**：①次世代ロボットは、SDG 2（飢餓）の農業

の生産性向上、SDG 3 （健康）の遠隔手術、SDG 8 （働きがい）の労働力補助に、②AIは幅広いSDGsに、そして③新たな現実はSDG 4 （教育）に貢献することが期待されます。

2 ）**健康に影響を与える技術**：④遺伝子編集はSDG 3 （健康）に、⑤マイクロバイオームはSDG 2 （飢餓）に、そして⑥デジタル農業はSDG 2 （飢餓）の農業生産性向上に貢献することが期待されます。

3 ）**関連付ける技術**：⑦IoT、⑧ビッグデータそして⑨ブロックチェーンは、幅広いSDGsへの貢献が期待されます。

4 ）**モノをつくり、移動させる技術**：⑩無人航空システム／ドローンは、SDG 2 （飢餓）、3 （健康）、6 （水）、8 （働きがい）、14 （海）、15 （陸）へと幅広い貢献が期待され、⑪自律走行自動車はSDG 3 （健康）、8 （働きがい）、11 （まち）、12 （責任）、そして⑫付加的製造／3Dプリンターは SDG 8 （働きがい）、 9 （産業）へと幅広い貢献が期待されます。

**SDGsにインパクトを与える12の破壊的テクノロジー**

1 ）人を模倣する技術
　①次世代ロボット
　②AI
　③新たな現実（VR、AR、MR）

3 ）関係付ける技術
　⑦IoT
　⑧ビッグデータ
　⑨ブロックチェーン

2 ）健康に影響を与える技術
　④遺伝子編集
　⑤マイクロバイオーム
　⑥デジタル農業

4 ）モノをつくり、移動させる技術
　⑩無人航空システム（ドローン）
　⑪自律走行自動車
　⑫付加的製造（3D プリンター）

参照：UNGC, PA, Volans 'Framework for Breakthrough Impact on the SDGs through Innovation A Practical Guide' 2019を基に作成

# 1 シェアリングエコノミーの３つのタイプ

**Q**uiz#096　シェアリングエコノミーに関する記述のうち、誤っているのは次のうちどれでしょうか。

（Ａ）「所有から利用へ」に対応したビジネスモデル・パターンである。

（Ｂ）モノの使用率を高め、過剰な生産と廃棄を抑制することが期待できる。

（Ｃ）個人間の取引に限定されるべきであり、法人が所有し提供するものはシェアには該当しない。

---

### ●シェアリングエコノミー

**シェアリングエコノミー**は、単にシェアやコラボ消費、共同消費とも呼ばれます。「**所有から利用へ**」に対応したビジネスモデルのパターンで、ウーバーに代表されるカーシェアリングやライドシェアリング、シェアサイクルなどがあります。

またプラットフォームを介して、貸室のエアービーアンドビーなど個人間取引（Peer to Peer）も可能となるなど、充分に活用されていない製品を共有することで活用されるよう促すこともできるビジネスモデルです。

### ●シェアリングエコノミーの主要な３つのタイプ

表に示すように、シェアリングエコノミーは３つのタイプに分けられます。

①**活用型**：企業や個人が所有する製品を多数のユーザにシェアする。

②**寿命延長型**：製品ライフサイクルに、メンテナンス、アップグレードなどのアフターサービスを組み込む。

③**再配分市場型**：中古品を廃棄せずリユースと再販を進める。

シェアリングエコノミーは、眠っていたり廃棄される製品などを再利用したり、資産の効率を高めることを通じて、無駄な資源の活用を抑制し、

廃棄物を削減することに貢献します。

## シェアリングエコノミーの3つのタイプ

|  | 活用型 | 寿命延長型 | 再配分市場型 |
|---|---|---|---|
| 概要 | 企業や個人が所有する製品を多数のユーザにシェアする。<br>・部分所有<br>・協調型消費 | 製品ライフサイクルに、メンテナンス、アップグレードなどのアフターサービスが組み込まれているため、買い替えや廃棄の必要がなくなる。 | 中古品を廃棄せずリユースと再販を進める。 |
| 対象・形態 | ・余剰キャパシティが大きいもの（自動車や家庭用工具）<br>・流行に左右されるもの（ハンドバッグ）<br>・一時的に必要なもの（赤ちゃん用品や妊婦服）<br>・一度使うと価値や魅力がなくなるもの（映画）<br>・初期コストや値段が高いという参入障壁があるもの（ソーラーパネル） | ・高価なものや修理に特殊技術が必要なもの（電子機器）<br>・見た目が大切なため取り替えたり、頻繁にメンテナンスが必要なもの（家具） | ・ソーシャルネットワークを通して、中古品や私有物を、必要とされていない場所から必要とされるところまたは人に再配分する。<br>・完全に無料のサービス（フリー）<br>・ポイントと交換するサービス<br>・現金で購入するサービス<br>・上記の組み合わせ |
| ケース | ・シェアハウス<br>・別荘シェア<br>・カーシェア<br>・ライドシェア<br>・シェアサイクル<br>・航空機シェア | ・事務機器<br>・家具 | ・マーケットプレイス |

2

# ビジネスはモノからコトの時代へ
## ～サービス・ドミナント・ロジック

**Q**uiz#097　サービス型ビジネスモデルに関する記述として、誤っているのは次のうちどれでしょうか。

（A）「モノからコトへ」に対応したビジネスモデルを指す。

（B）製造業から撤退しサービス業への転換を目指すビジネスモデルを指す。

（C）製品の体験など付加価値の提供を目指すビジネスモデルを指す。

● 「モノからコトへ」のシフトの背景

ICTやグローバル化の進展により、製品のコモディティ（汎用品）化が一段と加速する中で、単にコモディティ化したモノを提供していたのでは、価格競争の消耗戦に巻き込まれてしまいます。そのため、生き残り策としても「モノからコトへ」のサービス化へのシフトが求められています。

**製品のサービス化（Product Service System）モデル**は、図の下部に示したように、「モノからコトへ」つまり製品そのものを売るのではなく、サービスとして提供するパターンを指しています。

単に製品を納入して終わりではなく、顧客が製品を使用し続ける過程をモニタリングしたり、コントロールすることにより、新たな顧客価値提案の機会を広げることも可能になります。

● 「サービス・ドミナント・ロジック」

サービス中心の考え方を論理的に体系化したのが、ラッシュとバーゴが提唱する「**サービス・ドミナント・ロジック（Service-Dominant Logic）**」と呼ばれるコンセプトです。図の上部に示したように、従来のモノ中心の考え方である「グッズ・ドミナント・ロジック」の下では、価値を生み出す上で生産プロセスが最も重要であり、標準的な製品を低コス

トで効率的に大量生産することが目標となります。これに対して「サービス・ドミナント・ロジック」の下では、製品はそれ自体で完結するのではなく、全体としてのサービス（英語では、単数でService）を構成するひとつのコンポーネントとして捉えます。つまり、サービスが価創創造プロセスの基幹となると考えるのです。

サービス・ドミナント・ロジックでは、顧客を従来のような価値を消費するだけの「**消費者（コンシューマ）**」として捉えることはせずに、複数のサプライヤーが提供する製品やサービスを柔軟に組み合わせて価値を共創するアクターつまり「**資源の統合者**」として位置付けています。

このサービス・ドミナント・ロジックは、シェア（超寿命型）、フリー（直接損失補填）、インストール・ベース、ハイブリッド・ソリューションなどのビジネスモデル・パターンの基礎となるコンセプトです。

## サービス・ドミナント・ロジックと「モノからコトへ」

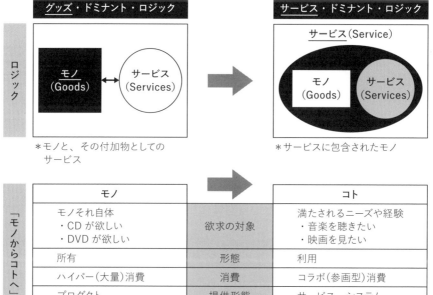

# 3 顧客を逃がさず定期的な収入に ～サブスクリプション

**Q**uiz#098　サブスクリプションに関する記述として的確でないもの
は、次のうちどれでしょうか。

（A）顧客の繰り返し発生するジョブを特定し、リカーリング収益を創造
するビジネスモデルである。

（B）データーサービスに限定され、モノの販売には不向きである。

（C）課金方式は月額固定料金に加えて、利用に応じた価値設定もある。

●**サブスクリプション**

　**サブスクリプション（継続課金）** は、継続的に売上を生むリカーリング
収益型のビジネスモデルです。その歴史は古くレンタルを起源としてお
り、サブスクリプションは、ICTによって加速したビジネスモデルです。

　動画配信サービスの「ネットフリックス」などのようなアクセス権の供
与や、ネスレのコーヒー・システム「ネスプレッソ」など製品補充タイプ
などがあり、顧客を逃さない**ロックイン効果**が期待できます。

　課金の設定方法としては、下記があります。

①**月額固定料金などのフラットレート（固定料金）**：携帯電話の月額固定
料金、ネットフリックス、スポティファイなどのフリーミアム＋フラッ
トレートなど。

②**利用に応じた従量課金（pay per use）**：ペイパービューやペイパーク
リックでの広告課金、分単位で料金設定されたカーシェア、そして走行
距離対応の自動車保険など。

●**コーヒーのサブスクリプションのBM-Map**

　図は、食品会社によるカプセル入りコーヒーのサブスクリプション・サー
ビスの概要をBM-Mapにまとめたものです。このケースは、対象がデジタ

ルではなく嗜好品としてのカプセルコーヒーで、顧客の需要が繰り返し発生することからサブスクリプションの対象となっています。BM-Map中段の顧客価値提案として、品揃え、店舗販売に比べた低価格に加えて、コーヒーマシーンの無償貸与という「インストール・ベース」のビジネスモデルを採用することで、顧客を逃さない「ロックイン戦略」を基本にしています。

**ビジネス**としては、需要情報の精度が高まることから、需給バランスが確保され、生産性の向上と、継続的な課金収入が期待できます。また、他の製品とのクロスセリングやデータ活用への広がりも期待されます。**社会価値**については、安定した調達に支えられた、カカオ農家の育成と児童労働の撲滅、そしてフェアトレードの推進に貢献することが期待されます。また、**環境価値**については、計画的な生産プロセスによる食品ロスの削減と農地開拓による森林の保全への貢献が期待されます。

## コーヒーのサブスクリプション BM-Map

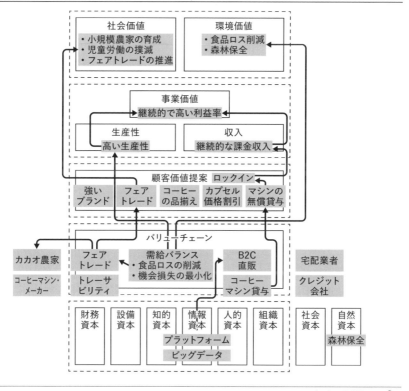

# 4

# 必要な機能を必要な分だけ
# 〜パーソナライゼーション

**Q**uiz#099　パーソナライゼーションと呼ばれるビジネスモデルのケースに関する記述として、誤っているのは次のうちどれでしょうか。

（A）顧客データを活用したターゲティング広告。

（B）デルのパソコンのビジネスモデルに代表されるBTO(受注組立)方式。

（C）オートクチュールと呼ばれる受注縫製の一点ものの最高級仕立服。

●パーソナライゼーション

　**パーソナライゼーション**は、パーソナライズされた顧客体験を提供することにより、未だ満たされないニーズを抱える潜在的な顧客セグメントを掘り起こすビジネスモデル・パターンです。レゴファクトリーの、ユーザ自身がデザインした商品を販売する**ユーザ・デザイン**、スイス高級時計メーカによる**D2C**（Direct-to-Customer）、サードパーティ小売業者を通さないパーソナライズされた顧客体験、などがあります。

　必要な機能に絞り込んだ製品をつくれたり、つくり過ぎないというメリットがあります。

●マス・カスタマイゼーションも含まれる

　**マス・カスタマイゼーション**（Mass Customization）は、マス・プロダクション（規格製品の大量生産）とカスタマイゼーション（既存の製品を顧客の要求に合わせてつくり変える）を合成した造語です。米デルの**BTO**（受注組立）方式、通称「**デル・モデル**」がその代表例として有名です。マス・カスタマイゼーションの実践には、モジュール化、コンフィグレーションなどの複数の管理手法を有効に組み合わせて活用することが求められます。このマス・カスタマイゼーションも、パーソナライゼーションの範疇に含まれます。

## ●ICTの活用でパーソナライズはより簡単に

　顧客の個々の要望に応じ、取引先や生産工程を柔軟に組み合わせてプロセスの革新を行なったり、**接続機能を持つスマート製品（SCP）の機能を調整することによりマス・カスタマイゼーションを容易にな行なうこと**ができるようになりました。また接続機能により、出荷後であっても、継続的に機能を更新することが可能になりました。

　本項の前段で紹介したケースに加えて、ICTを積極的に活用したケースとして、

- アマゾン、グーグル、フェイスブックなどの**顧客データ活用**（Leverage Customer Data）
- 販売遺伝子DBのサブスクリプションなどの**ビッグデータそのものの販売**
- フェイスブックなどの**ターゲティング広告**（パーソナライズ広告）

があります。

## パーソナライゼーション

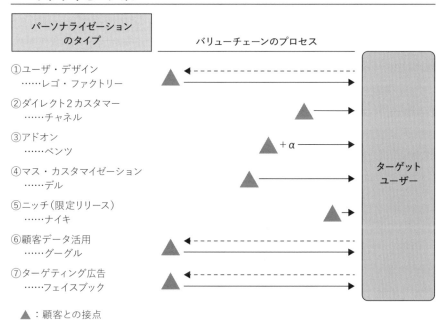

①ユーザ・デザイン
　……レゴ・ファクトリー

②ダイレクト2カスタマー
　……チャネル

③アドオン
　……ベンツ

④マス・カスタマイゼーション
　……デル

⑤ニッチ（限定リリース）
　……ナイキ

⑥顧客データ活用
　……グーグル

⑦ターゲティング広告
　……フェイスブック

▲：顧客との接点

サステナブルなビジネスモデル
代表的なパターン

# 不足技術は外部から、未活用技術は収益に〜オープンイノベーション

$\mathbf{Q}$uiz#100　オープンイノベーションに関する記述として、誤っているのは次のうちどれでしょうか。

（A）イノベーションに欠かせない技術を共有するので、SDG 9 （産業）への貢献が期待される。

（B）外部の技術を活用することで、新製品のタイムリーなマーケット投入とR&Dコスト削減が可能である。

（C）自社が開発したノウハウを無償公開するため、ライセンス収入などは見込めない。

---

### ●イノベーションはクローズドからオープンへ

　技術革新の時代にあって、製品ライフサイクルの短縮により収益期間が短縮する一方で、技術開発コストは上昇しており、収益とコストの双方から企業収益が圧迫されています。また、IoTの持つコネクティビティという特性を活かすためには、インターオペレータビリティ（相互運用性）や標準化が重要性になります。このような環境下では、自社開発などですべてをまかなうという従来の「クローズド・イノベーション」モデルでは対応することが難しく、新たに「**オープンイノベーション**」**モデル**が注目されており、次の2つのタイプがあります。

①**アウトサイド・イン型**：社外の企業が開発した技術を積極的に活用し、開発コストの削減と開発リードタイムの短縮を計るモデル。

②**インサイド・アウト型**：未活用の技術を他社にライセンス提供するなど、自社のイノベーションが収益に結び付く機会を増大させ、新規の収益源を確保することを目的とするビジネスモデル。

## ●オープンイノベーションのBM-Map

　下図のBM-Mapは、オープンイノベーションを便宜上一枚のBM-Mapの左半分に「アウトサイド・イン」型を、そして右半分に「インサイド・アウト」型を同時に記載するようにしたものです。

①双方共に顧客価値提案のタイプは、「**製品の革新性**」です。ビジネスモデルの重要な構成要素として、特許権、革新的風土やオープン気質などの経営資本が挙げられます。

②左半分の「**アウトサイド・イン**」型では、積極的に外部の新技術を求め、自らの強いブランドとマーケティング力を活かして、革新的な製品をタイムリーに市場投入し、併せて研究開発コストの削減を達成します。

③右半分の「**インサイド・アウト**」型では、企業内部で未活用の知的財産を抱えており、これを最新技術を求めている外部の革新的な企業にライセンス提供することによって、ライセンス収入を得ています。

## オープン・イノベーション（2つのタイプ）のBM-Map

## Column

　ビジネスモデルの定義は急速に進化を遂げており、サステナブルな
ビジネスモデルの構築が叫ばれる時代となりました。

### 利益中心の時代のビジネスモデルの定義

> ビジネスモデルとは「儲ける仕掛け」である。

✎ この曖昧な定義に加えて、名称自体も事業モデル、ビジネスシステム、
プロフィットモデル、収益モデルとさまざま存在していた。

### マーク・ジョンソン（米国 経営戦略コンサルタント）

> ビジネスモデルとは、ビジネスが、どのようにして顧客と企業の双
> 方に価値を創造し提供するかを表現したものである。

マーク・ジョンソン『ホワイトスペース戦略』阪急コミュニケーションズ、2011より

✎ 2000年代前半頃から、ビジネスモデルを構成する4つの要素（財務、
顧客、業務プロセスそして経営資源）と、それらの相互関係でビジネスモ
デルを捉えて見える化するようになった。

### アントニオ・グテーレス国連事務総長

> このグローバル経済に向けたニューダイナミックを達成すること
> は、ビジネスモデルをビジネス、マーケットそして社会がより連携
> される方向に変更することを意味している。（著者訳）

事務総長報告「私たちの共通の課題（OUR COMMON AGENDA）」国連、2021

✎ 国連は2020年に創設75周年を迎え、グテーレス事務総長は国連の新たな
方向性を示した報告書「私たちの共通の課題（OUR COMMON AGENDA）」
（2021年9月）の中で、ビジネスモデルの変革の必要性を掲げ、そこには、
ビジネスが環境と社会課題に貢献するべきであると記されている。

# 索引

# 参考文献

(注) 邦訳文献について、本書の中で邦訳ではなく、著者が直接原典を翻訳し引用している場合に限り、原典を付記してあります。

エレン・マッカーサー財団「From Linear to Circular（#1 サーキュラーエコノミーとはそもそも何か？）」、2020

環境と開発に関する世界委員会『地球の未来を守るために』、福武書店、1987（World Commission on Environment and Development "Our Common Future"、Oxford University Press、Reprinted 2009）

クラマー, マーク R.「社会貢献活動を上手に知らしめる方法」、ダイヤモンド・ハーバードビジネス・レビュー誌、2019年2月号、ダイヤモンド社

経済産業省「デジタルトランスフォーメーションを推進するためのガイドライン（DX推進ガイドライン）Ver.1.0」、2018

国連、事務総長報告「私たちの共通の課題」、2021（'Report of Secretary-General "Our Common Agenda"'、UN、2021）

国連、外務省仮訳「我々の世界を変革する：持続可能な開発のための2030アジェンダ」、2015（United Nations General Assembly 'Transforming our world: the 2030 Agenda for Sustainable Development'、2015）

国連、国連広報センター訳「持続可能な社会のために　ナマケモノにもできるアクション・ガイド」、2018（改訂版2019）

国連統計局、総務省仮訳「指標」、2021

国連ビジネスと人権フォーラム、GCNJ訳「UNGPs10+ ビジネスと人権の次の10年に向けたロードマップ（仮訳）」、2021

ジョンソン, マーク著、池村千秋訳『ホワイトスペース戦略』、阪急コミュニケーションズ、2011（Johnson, Mark W. "Seizing the White Space"、Harvard Business School Press、2010）

ステッド, ジーン・ガーナー　W・エドワード・ステッド著、柏樹外次郎　小林綾子訳『サステナビリティ経営戦略』、日本経済新聞出版、2014

世界経済フォーラム「世界経済フォーラム 年次総会2013 レジリエント・ダイナミズム：グローバル・アジェンダ」、2013

ダスグプタ，P著、WWFジャパン訳「生物多様性の経済学：ダスグプタ・レビュー要約版」（日本語版）、2021

チェスブロウ、ヘンリー著、栗原潔訳『オープン・ビジネスモデル』、翔泳社、2007

東京都「Tokyo Sustainability Action」、2021

特定非営利活動法人国際協力NGOセンター（JANIC）「国際協力と人権―変容する国際社会と「これから」の国際協力をみすえて―」、2022

ニーブン，ポール・R．著、松原恭司郎訳『ステップ・バイ・ステップ　バランス・スコアカード経営』、中央経済社、2004

日本政府「国連ハイレベル政治フォーラム報告書～日本の持続可能な開発目標（SDGs）の実施について～」、2017

日本政府「2030アジェンダの履行に関する自発的国家レビュー2021～ポスト・コロナ時代のSDGs達成に向けて」、2021

ポーター，マイケルE．著　マークR．クラマー著「共通価値の戦略」、ダイヤモンド・ハーバードビジネス・レビュー誌、2011年6月号、ダイヤモンド社

松原恭司郎「『環境と社会』×『デジタル』が可能にするサステナブルなビジネスへのトランスフォメーション―SDGsとビジネスモデルの視点から―」、SBI大学院大学紀要第9号、2021

松原恭司郎『〈新版〉【松原流】戦略マップ／BSCとOKRの連携教本』、日刊工業新聞社、2018

松原恭司郎『図解「統合報告」の読み方・作り方』、中央経済社、2014

松原恭司郎『図解ポケット SDGsがよくわかる本』、秀和システム、2019

松原恭司郎『図解ポケット KPIマネジメントがよくわかる本』、秀和システム、2020

松原恭司郎『ビジネスモデル・マッピング教本』、日刊工業新聞、2013

松原恭司郎「未来のためのSDGs講座」公明新聞連載、2020

ユニリーバ・ジャパン「ユニリーバ・サステナブル・リビング・プラン　10年の進捗」、2020

ラワース，ケイト著、黒輪篤嗣訳『ドーナツ経済学が世界を救う』、河出書房新社、2018

ロックストローム，J　M・クルム著、武内和彦　石井菜穂子監修、谷淳也　森秀行ほか訳『小さな地球の大きな世界』、丸善出版、2018

GCNJ　IGES「コロナ禍を克服するSDGsとビジネス」、2021

GCNJ　IGES「未来につなげるSDGsとビジネス」、2018

GRI、UNGC、wbcsd著、IGES、GCNJ訳「SDG Compass：SDGsを企業はどう活用するか」、2016（GRI、UNGC、wbcsd、'SDG Compass: The guide for business action on the SDGs'、2015）

IGES 'State of the Voluntary Local Reviews 2022'、2022

IIRC著、日本公認会計士協会訳「国際統合報告フレームワーク　日本語訳」、2013（IIRC 'The International <IR> Framework'、2013

IIRC 'International <IR> Framework'、2021

Rockström, Johan and Pavan Sukhdev 'A new way of viewing the Sustainable Development Goals and how they are all linked to food', Stockholm Resilience Centre, Stockholm University、2016

Schwab, Klaus　P.Vanham "What is the difference between stakeholder capitalism, shareholder capitalism and state capitalism?"、World Economic Forum、2021

SDSN Bertelsmann Stiftung 'Sustainable Development Report 2019'、Cambridge University Press、2019

SDSN Bertelsmann Stiftung 'Sustainable Development Report 2022'、Cambridge University Press、2022

Spitzer, Dean R. "Transforming Performance Measurement"、AMACOM、2007

UNDP著、UNDP駐日代表事務所訳「企業・事業体向け：SDGインパクト基準　バージョン1.0」、2021（UNDP 'SDG Impact Standards: Enterprise Version 1.0'、2021 ）

UNGC 'Blueprint for Business Leadership on the SDGs'、2017

UNGC PA Volans 'Framework for Breakthrough Impact on the SDGs through Innovation A Practical Guide'、2019

WBCSD 'What does nature-positive mean for business?'、2021

WEF 'Global Gender Gap Report 2022'、2022

著者略歴

松原恭司郎（まつばら　きょうしろう）

経営コンサルタント、公認会計士、SBI大学院大学客員教授、元中央大学大学院特任教授
ビジネスモデル、戦略、パフォーマンス・マネジメント、企業情報開示、SDGs、サステ
ナビリティ・マネジメント関連のセミナー、コンサルティング活動を行なっている。『図解
ポケットSDGsがよくわかる本』『図解ポケットKPIマネジメントがよくわかる本』（秀和
システム）、『〈新版〉【松原流】戦略マップ／BSCとOKRの連携教本』『ビジネスモデル・
マッピング教本』『ROE重視のKPIマネジメント教本』（日刊工業新聞社）、『図解「統合報
告」の読み方・作り方』（中央経済社）など著書多数。

【連絡先】
Mail：matsuqmc@blue.ocn.ne.jp

ビジネスパーソンの新知識100
## サステナビリティ・SDGs経営

2022年9月30日初版発行

著　者 ── 松原恭司郎

発行者 ── 中島治久

発行所 ── 同文舘出版株式会社

東京都千代田区神田神保町1-41　〒101-0051
電話　営業03 (3294) 1801　編集03 (3294) 1802
振替00100-8-42935
http://www.dobunkan.co.jp/

©K. Matsubara
印刷／製本：三美印刷

ISBN978-4-495-54123-1
Printed in Japan 2022